# 竹内好のアジア論

## ——心情と思索——

劉 金鵬 著

白帝社

# 目　次

# 序章　竹内好・戦後日本知識人

## 1．北京シンポジウムと北京フォーラム

1964年8月、世界科学者連盟[1)]北京センターを中心として企画され、アジア・アフリカ・ラテンアメリカの科学者を主体とした「北京シンポジウム」が開催された。会議のテーマは、帝国主義と植民主義に反抗し、後進国の自立と生活水準の向上に役立つ科学のあり方である。この趣旨を説明するように、当時シンポジウムに出席した日本代表団団長坂田昌一の発言は以下のように記録されている。この演説は会場で高く評価されたという。

> こんにち西欧の科学は、浅薄な経験主義と卑俗な実用主義に毒された雰囲気のなかで麻痺しようとしている。私たちが西欧の科学と競い合うような、否、もっとすぐれた伝統と性格をもつ新しい科学を創造するためには、帝国主義と植民地主義に対決する立場を堅持し、経験主義と実用主義に反対できるような新しい方法論を身につけなければならぬ[2)]。

このシンポジウムに参加した日本の歴史学者が残した論文集[3)]をめくってみると、西欧に対する敵対意識が鮮明に見受けられる。これについて、時代的に考えると、これは冷戦構造の表象であるというふうに解釈するのは当然可能である。しかし、今日もヨーロッパというものを否定的にとらえる言論は、決して消えたわけではない。アメリカを含むヨーロッパの近代を蔑視するような発想の存在は、果たして冷戦体制の故のものとしてだけ理解できるか。そうした疑問を念頭において、坂田

の発言を取り上げた。

時は流れ、2005年から韓国高等教育財団の後援で、北京大学を主催者としたもう一つの世界的な学術会議が開かれた。「北京フォーラム(Beijing Forum)」である。世界中から招かれた学者が北京に集まり、人文学や経済学など、様々な分野に関する議論が行われたが、中心的な論題は東西文明の会話と平和的発展の問題である。例えば、2006年第二回会議のテーマは、「文明の進化：近現代東西の歴史的経験」と定められ、「グローバリゼーションの時代において異なる国家と民族は、固有の文明を継承しながら新しい相互的な発展を如何にして創造できるか」について議論が交わされた。

> 中国文化の中に、儒教と道教は文明の衝突を解消できるし、「文明の共存」に有効な思想を提供できる。各民族、各国家の文化の中に、同様に「文明の衝突」を解消でき、「文明の共存」に価値のあるものを提供できる資源が存在する（後略)[4]。

冷戦時代が終わりを告げ、地球はいわゆるグローバル時代を迎えた。二極対立より、多極的な世界情勢に入っていくにつれて、地域主義的な議論も盛んになってくる。東アジアにおいて象徴的にこれをあらわしたのは、一時話題になった「東アジア共同体論」である。2006年に発足した「北京・東京フォーラム」にて、当時自由民主党の重鎮であった中川秀直は、「新しいアジア主義」というタイトルで講演を行った。かつて日本が掲げた「大東亜共栄圏」に対するアジアの反感を恐れずに、わざわざ「アジア主義」を提起した中川の発言はかなり大胆であるといえよう。中川もこのような反感に配慮に示したように、日本帝国の侵略イデオロギーとしての「アジア主義」の面影を浮かべさせないよう、新しいアジア主義に盟主は要らないと強調した。

この時代の流れを観察するとき、一人の思想家の姿が浮かんでくる。

彼は前述の北京シンポジウム開催の三年前、1961年の講演で「アジアによる世界の包み直し」を公言し、有名な「方法としてのアジア」で学術界を驚かせた。そして、2000年以来、文明共存の道を探求する風潮とともに、彼は読み直されている。この思想家が竹内好である。

本書は20世紀に活躍していた中国文学研究者かつ評論家である竹内好（1910-1977）のアジア論についての考察である。竹内好は元々中国文学研究者出身で、評論家として活躍し始めたのは終戦直後のことである。彼は東京帝国大学在籍中、武田泰淳らと「中国文学研究会」を結成し、雑誌『中国文学』を舞台にして、中国文学および中国文学が代表する中国思想界の最新動向を日本に紹介し続けた。戦争で様々な挫折や苦難を味わった彼は、戦後、中国をはじめアジアを見直し、日本文化のあり方や東洋と西洋の文化の差異について、数多の論述を残した。

日本の知識人の多くは帝国国民として第二次世界大戦を経験し、戦争にかかわらざるを得なかった。竹内好も、中国戦場に徴集され、「戦争」という真実を体験した。戦線に立たなくても、「近代の超克」のような戦争の「正当性」を鼓吹する思想家たちの営為は必ず少数ではなかった。「一億総懺悔」とGHQによる占領の時代に、生活物資が極端に不足していたにもかかわらず、竹内好は本業の魯迅研究を手がかりにして、戦争に対する反省を踏まえて、戦争と衝突に染められた近代を乗り越える「共存共栄」の真の道を探り出そうと、努力を重ねた。これは、竹内好の戦後知識人の一人としての姿である。

2000年以降、竹内好に関する議論がふたたび盛んになっている。たとえば、2004年9月、ドイツのハイデルベルク大学で「竹内をめぐる諸問題」という国際シンポジウムが開かれ、松本健一、加々美光行、孫歌など代表的な竹内好研究者が招かれた。翌年、中国の上海で孫歌の問題提起を受ける形で竹内好を論じるシンポジウムが開催された。それに続いて、2006年、愛知大学の主催で竹内好再考に関するシンポジウムが開かれた。

竹内好の亡くなった十数年後、世界はグローバルと呼ばれる時代に入ったといわれる。同時に、中国など「旧後進国」は著しい発展の勢いを見せ、ナショナリズムに関する議論も盛んになってくる。北京フォーラムに象徴されるように、中国は「中華民族の偉大なる復興」というスローガンを掲げ、世界新秩序の建設を求めようとしている。しかし、ナショナリズムの高揚は必ずしも「和諧」の世界を作り出せるとは限らず、逆に、「尖閣問題」(中国語表記「釣魚島問題」)をめぐる中日の国民的なレベルの対立が顕著に現れた現象は、ナショナリズムに関わる問題を考える時の困難さを示している。この時代背景のなかでは、かつて日本で「アジアのナショナリズム」を唱え、ヨーロッパの近代に抵抗した竹内好が、今日を生きる私たちに一つの手がかりを見せてくれる思想の資源として読み直されるのは自然であろう。

## 2．思想家としての竹内好像

生涯にわたり、竹内好は日本の思想界に対して、近代化に対する見方、ナショナリズムのあり方、同時代中国論といったいくつかの重大な問題を提起したが、イデオロギーの対立が激しかった戦後において、彼を位置づけることは非常に困難である。いわゆる進歩的知識人と行動をともにしながら、日本共産党を批判し、または西欧的な近代の概念に対する反抗を唱える。さらに、国民文学やナショナリズムなど問題を提起し、戦前日本の右翼活動を「アジア主義」というカテゴリの中で再評価した。しかし、彼は問題を提起したとはいえ、決して明晰な回答を出すことをせず、「時にひどくあいまいであり、時に強力な思い込みに支えられた竹内の論は、時代的制約という限界もあり、現時点から見るとひどく的外れな結論を示すことも多い」とも批評されている[5)]。

竹内好に対する研究は、彼が息を引き取る二年前から今日に至るまで続いている。これまでの竹内好論を整理すると、二つの時期に分けられる。

20 世紀における竹内好論は、竹内好を戦後近代主義に対する反論者、すなわち、近代を議論する基準をアジアに置く、いわゆる「本物志向の近代主義者」として扱う傾向にある。代表的な論者としては、松本健一や鶴見俊輔があげられる。松本は、竹内好の生涯を「不断の自己否定」であるとまとめ、また、鶴見俊輔も竹内好の考え方を「疑いを疑う」、つまり「自分で問題をつくり、自分で解こうと努力することを生涯にわたってつづけた」とまとめた。いずれも、竹内好と、ヨーロッパの基準をもとに近代主義の普遍化を進めようとする思想家との違いを描き出している。しかし、この発想に基づいて描き出された竹内好は、近代化の基準を「アジア」に置き換え、魯迅にその基準を代表させる、「逆方向」の近代主義者に過ぎない。

2000 年以降、竹内好に対する研究が盛んになってきた。議論の中心は近代主義から離れて、いくつかの方面にわたっている。中国の台頭を背景にして、竹内好が再び注目されるのは前述した通りである。その中では、戦前の中国文学研究会時代における武田泰淳との付き合いを通じて、中国文学研究会に関する資料を周到に調査し、同時代文学を通じて中国を理解しようとする竹内好たちの中国感覚を描く渡辺一民の著作や、竹内好の北京日記をはじめ、1937 年から 1959 年までの竹内好の思考の軌跡を「文学精神」として規定した岡山麻子の論考もあらわれ、竹内好の生涯を時期別に扱う動向も見られる。これらの方法とは違い、竹内好の生涯にわたる思考方法を再考する研究や戦後ナショナリズム思想史の中で竹内好を位置づけて竹内好を読み直す試みもいくつか現れた。代表的な論者として、小熊英二、孫歌、加々美光行が挙げられる。

戦後日本のナショナリズムを研究対象にする小熊英二の著作として、『〈民主〉と〈愛国〉　戦後日本のナショナリズムと公共性』があげられる。第二次世界大戦は、中国など侵略された国だけでなく、戦争を起こした日本を含む多くの国々に大きな破壊をもたらした。戦後活躍した丸山真男や竹内好などを代表とする知識人もこの戦争を経験した。この知識人たちが直面していた最大の課題は戦争への反省と日本という国家のあるべき姿という問題だった。この日本の過去と将来にかかわる問題に答えを出すためには、さまざまな試みと挫折があり、竹内好の言論もその一つの代表例とされている。この著作の中で、1960年代以降に「戦後民主主義＝近代主義」を批判した民族主義者である、という竹内好に対する評価を批判し、「血ぬられた」戦争経験を竹内好を規定する要素として強調した。しかし、小熊のこの著書で、丸山真男など近代主義者に対するのと同様な扱い方をしたため、竹内好が丸山真男との区別がつけられなくなる。アジア主義を扱う独特の方法を提示できたのは、竹内好と同時代の知識人と違うと独特な方法論を持っているからである。この独特さこそは、「文学精神」や「戦争経験」と違う視点で竹内好を捉える可能性を示してくれる。この独特さはどこにあるのかについて、本書で探ってみる。

文学的な発想に基づいて竹内好の思想を分析した、孫歌の『竹内好という問い』という著作がある。この本は2005年に「日本語、中国語の両方で出版」され、「日中両国の学界に波紋を投じ」た[6]。孫歌の見た竹内好は、「自分の抱いた思考の矛盾を問題化し続けた」[7] 人物であり、現存の観念を拒否して、自己による概念の確立を主張する代表的な人物だった。孫歌は次のように述べている。

> 思想史人物には、諸々のタイプが存在している。人間は矛盾を抱えていないものはないが、すべての歴史上の人物が必ずしも自己の矛盾を問題化するわけではない。むしろそれを控えて現実の立場と思考の内容との間に一貫性を保つことのほうが、より容易であろう。しかし竹内好はこのようなタイプの人物ではなかった。彼は生涯をかけて、自分の抱いた思想の矛盾を問題化し続けた。そのために、彼は既成の概念をそれぞれの文脈から解放して、新たな文脈において作り直した。竹内好の「論理」は彼と似たような思考のプロセス

> を経ていなければ、おそらく十全には理解できないであろう。諸々の概念をまるで生まれたばかりのような新鮮な状態に戻す、というほぼ不可能に近い努力を、竹内好は見事に果たしていた。竹内好の論文と向き合ったときの緊張感は、このような竹内の努力から生じているといえよう。そうである以上、竹内好の思想世界の全体像を掴むことなしには、彼の言説の一部を正確に把握することさえ到底無理である[8)]。

孫歌は、「竹内好の思想世界の全体像を掴むことなしには」、竹内の言説を把握できないと主張したが、氏の著作では、竹内好の現代中国論は殆ど議論されておらず、文学的な発想で竹内好を扱う際の収まり切れない部分としてあらわれていた。孫歌の意図は、竹内好から思考方法を抽出することであろうか、そうすると現実の世界とのつながり、またこのつながりを重視する竹内好の持つ現実性を見失う可能性がある。現代中国論は、竹内好の思索の中にどう位置付ければよいのか。これについて、検討を加える必要がある。

先に触れた、2006 年に愛知大学が主催した竹内好再考に関するシンポジウムの内容は、2007 年出版の『無根のナショナリズムを超えて―竹内好を再考する』という本に収録された。この本の編者のひとりである加々美光行は、竹内好に関する一連のシンポジウムについて、以下のような考え方を示している。

> ドイツが 18 世紀以来のヨーロッパ近代の道、竹内に言わせればヨーロッパの終わりのない「自己実現と自己拡張」の道を、今日、ある決意をもって撤回しつつあること、そのことをハイデルベルクという小さなタウンの中に私は感じ取ることができた。「アジア主義」と「近代」と「今日のヨーロッパ」がテーマに選ばれたのはそのために違いない。

> 中国に孫歌さんが現れ、竹内好を通じて中国の学界に投げかけた問題も、同じ決意からではないか、と私は思った。1980年代に始まった中国の高度成長は、90年代から21世紀を迎えて、人類史上例がないほどの物質的近代化をもたらしつつある。しかし、その姿の中に、かつて日本が歩んだ道、竹内好が「自己喪失の過程」と呼んだのと同じ人間の空疎化が進んでいるのではないか。そう私は感じていた。孫歌さんを通じて、私は日本人がこの間、忘れてきた大事なものを突き付けられた思いがした[9)]。

加々美は「アジアの抵抗の基盤は根拠地である」という竹内好の言説の影響を受け、日本と中国で発生している村落崩壊とドイツで行われている村落再生を比較し、前者の場合を「無根」と呼んでいる。そして、ドイツで竹内好に関するシンポジウムが開かれた原因も説明した。竹内好の言説に影響されつつも、加々美は、現代社会の状況下において、日本と中国で「無根のナショナリズム」が（特にインターネットにおいて）大量に発生する問題を取り上げた。しかし、文化的な符号である「根拠地」を用いて、人間の自己喪失とともに発生したナショナリズムを批判するのは、有効ではないと筆者は考える。なぜならば、戦後日本思想史における独善的なナショナリズムの発生は、近代化が自己喪失をもたらす段階の前に、すでに起こったのである。しかも、このようなナショナリズム、戦前日本のナショナリズムとの関連を考慮せずには語られないだろう。竹内好の中国関心は、戦後日本の思想状況といかにつながるかについて、議論を加えるべきである。

戦後日本のナショナリズムの歴史、自らによる歴史の解釈、そして中国論の意味、竹内好を論じる三者の交差点は、おそらく竹内好が提唱したアジア主義にある。竹内好の言論中に現れるアジア主義にたいする関心は、これらの研究の中に自明なものとして取り上げられ追及されなかったが、アジア主義の問題は全体として竹内好を評価するカギとなる。

「アジア主義」の問題ついて、松本健一は2000年に公刊された『竹内好「日本のアジア主義」精読』という著作の中で、21世紀に生きる立場から竹内好が1963年に説いた「日本のアジア主義」は終焉したかという問題を設定した。1960年代からアジアの繁栄と発展を考えたうえ、「予断的にいえば、それは「屈辱」としてのアジアの終焉である」[10]と判断した。「屈辱としてのアジア」という概念は、岡倉天心によって提出され、竹内好もこれについて語っている。松本氏もこの著作の第一章で「ヨーロッパの光栄はアジアの屈辱に他ならない」[11]という岡倉天心の論述を引用した。また、同書の最後で、竹内好の「方法としてのアジア」を取り上げ、「私などは「西洋的なすぐれた価値」を、「愛」によって東洋が「包みなおすとき」、そこに「共生（symbiosis）」というアジア的価値が浮き出てくるような気がするのである」[12]と述べた。アジアの価値を「愛」に当てはめる論述は、当初竹内好は岡倉天心を論じた際に打ち出した論点に過ぎない[13]。しかし、松本は、彼の竹内好論において重要視されなかったひとつ重要な視点を提供してくれた。この視点は、竹内好はアジア主義の「心情」と岡倉天心の論理が結合できなかったと慨嘆した発想にある。

竹内好の生涯について考えると、彼が重視したアジア主義における「心情」は、実は戦前から彼自身に蓄積されたものであり、戦後の言論にも重要な視点として論じられ続けている。アジアとヨーロッパの文化的な対立を超越するアジア側の特権的な価値であり、これを強調するかぎり、東西対立という図式から永遠に脱出できない。しかし、竹内好の考える「アジア的な価値」は単純に対立を求める思考として理解するのではなく、もっと複雑な様態で捉える可能性のある「心情」として理解できるのではないかと筆者は考える。

ヨーロッパに対抗する意思、自立の道を探求する決心、アジアの連帯を図る意欲など、「心情」には様々な内容が含まれている。しかし、戦後の言論界において、「心情」という言葉は必ず積極的に評価されるとは限らなかった。むしろ、「心情」は戦前的な天皇制の民衆動員に利用されたものとして、批判されていた。にもかかわらず、竹内好は、あえて「心情」を持ち出した理由はどこにあるか、本書では、竹内好の思索を考察すると同時に、「心情」の中身を解明していきたい。

くわえて、近年竹内好が中国に紹介された事情について考えてみたい。思想や政治の桎梏から解放されて高度経済成長を遂げ、次第に未曾有の社会問題と衝突する両国の過程は、極めて似たようにも見える。しかし、そうだとすれば、竹内好の理想とした中国はどこにあるか。もし今の中国が日本と同質であるならば[14)]、竹内好の思考の多くは意味を失ってしまうのであろうか。概念上のアジアはヨーロッパやアメリカと対抗する存在であるが、彼の考えによれば、世界は均質なものではない[15)]。たとえば、竹内好の日本人の主体感覚についての判断は、明白に中国のことを基準にしている。また、この基準なるものは条件によって変わるものではなく、竹内が認めた中国のある性質である。時代状況で考えれば、この性質は革命の精神という形で現れる。竹内好が常に「革命」を意識している原因はここにある。

逆に考えると、近年中国で竹内好が一時的に盛んに議論されていたことは、事実であるが、竹内好がほんとうに理解されているかどうか、疑問に思われる。竹内好の代表作は中国語に訳され、『近代的超克』と題され出版されて、出版社の予想を遥かに超えるスピードで売り切れになったという[16)]。しかし、「近代」という現実的問題、とりわけ急速な近代化が中国社会にもたらした知的混乱は、「近代の超克」が中国の知識人の関心を呼び寄せた一番重要な理由であろうと筆者は考える。その証拠の一つは、この『近代的超克』の中に、「日本のアジア主義は」収録されていないこと、そしてこれと照らし合わせるように、竹内好のアジア主義に対する考え方は共感どころか、反論を招いたことである。

「近代の超克」は、表向きに「アジア的な価値」を以て欧米の

「モダニティ」を批判する意味合いを含んでいるが、その裏にはアジア連盟は西洋覇権に対抗するという仮説を予め設定されている。しかし、過去の100年間には、貧弱の極まりだった中国と連帯し、正真正銘に中国を援助した帝国主義列強は一つでもあったのであろうか。どれ一つもなかった。あったのは、アジアといわゆる「共同体」の名分で、中国を奴隷にし、侵略したのみである[17)]。

むろん、竹内好に対するこの考え方は「誤解」だと理解して、排斥するだけでよさそうに見えるが、事実上、このような考え方は「中国における誤解」であるとは限らないし、対極的に、『国民の歴史』などに代表される日本社会の右傾化するような思想状況を合わせて考えると、今日におけるアジア論の問題は深刻である。いや、むしろ、このような「誤解」は、竹内好が「アジア主義」を打ち出した当初から発生しており、今日までも続いているといえる。「誤解」自体は一つの「心情」を孕んでおり、その心情は近代以来の蓄積であり、まさしく一つの「低音」のように見える。

竹内好が生きた時代は、革命という主題曲がアジアに響いた時代であった。革命の主体はアジアでありながら、革命そのものは「近代化」という世界的現象がアジアにもたらしたものである。アジアの革命のプロセスに発生したナショナリズムは日本が発動した戦争を境目に分裂し、互いに衝突する状況は今日まで至る。戦後日本において、ナショナリズムに対する評価は一時消極的であったにもかかわらず、戦後知識人が特有のナショナリズムの感情を持っていることは前述したとおりである。竹内好はアジアのあるべき姿を考察し、アジアの中の日本を提案した。そのアジアの中に、相克するナショナリズムを包括できるような価値があると彼は信じ、相克の困難を克服するために、思想界に「心情」への注目を要求したのである。従来竹内好の思考方法やその思想の現実性についての研究は多いが、本書ではこれまで掘り出された方法を用いて、竹内好の言説の中に含まれるヨーロッパとアジア、日本と中国、というような概念の理論的な展開について考察し、竹内好のアジア論が展開する方向に沿いながら、彼の発掘したアジア主義の価値を今日の時代状況と結び付ける可能性を探りたい。そして従来の研究と異なる視点として、一貫して竹内好の中に論理的な方法論を発掘するより、一つの試みとして「心情」という要素の重要性を提示したい。

## 3．本書の構成

本書は竹内好のアジア論に関する思想を八章に分けて考察していく。

第一章では、1944年12月の『魯迅』の発表まで考察の対象とする。まず、1943年12月から1946年6月まで竹内好は軍に徴集され中国に配属された。この間の活動は殆ど記されていない[18)]。また、1946年から竹内好は本格的に思想家として活躍していた。竹内好の生涯を貫く基本的な思考様式はこの時期すでに形成されていた。この時期の彼の思想的な動向が後の彼の思想につながっていることを明らかにする。

第二章では、近代化の理論についての竹内好の独特な分析を中心において議論を進めたい。彼は中国文学研究者として、文化的に日本・中国・ヨーロッパを比較し、近代という原理を再考察した。この文学論から思想論への進出は、彼の初期思想とは無関係でない。戦争が終わるまでの活動は、竹内好にアジア的な心情を植え付けた。同時に、日本が発動した戦争は彼に大きな課題をもたらした。彼は、戦争の源を日本の近代化に求め、「アジアの後進国」の中で最も早く成功したといわれる日本の近代化はどのような性質を持つのかを、ほかのアジアの国々、特に中国と比較することによって明らかにしようと試みた。結論として、日本と中国の近代化の型は同一ではないと論じ、アジア論の理論的な基礎を定めた。

第三章では、竹内好の近代化論の読み方を議論する。従来、彼の近代化の理論に対する理解はさまざまである。鶴見俊輔は本質的に近代主義者である発想に基づいて竹内好の近代化論を理解し、孫歌は『魯迅』の中に抽出された竹内好の思考方法との共通性において近代化論を解読した。また、溝口雄三は中国研究の立場で中国を理想化した竹内好の欠点を指摘する。これらの読み方を検討したうえ、近代化論とアジア論の繋がりと隔たりを発見する。

第四章では、竹内好のアジア論の出発点を考える。戦後日本における反省の風潮の中で、戦前「大東亜共栄圏」の宣伝に利用されたアジア主義に対する関心は低く、アジア主義のイデオロギーはダブー視されていた。これまでに研究において、竹内好の思想には一貫した方法論があり、これが彼のアジア主義研究を可能にした、というのは共通認識である。この共通認識に対して本章では、1950年前後、アジアのナショナリズムという新しい視点が日本に導入された際、竹内好は日本のアジア主義を見直す契機を獲得したことに注目する。彼はアジアのナショナリズムと関連させて、アジア主義研究を可能にし、アジアのナショナリズムを取り扱う新しい方法を提示した。このように時代の課題と格闘した竹内好の姿を描き出す。

第五章では、竹内好のアジア論の展開を考察する。彼は、「近代の超克」をはじめとする一連の文章で、戦後日本の再建をめぐる諸問題を歴史の中で議論し、近代から問題の一貫性を発掘した。明治政府は脱亜を選択し、逆にアジア的な心情を利用した。これは、戦争イデオロギーを二分させる根源となった。竹内好は、「大東亜戦争」と「太平洋戦争」を戦争の二つの面とみなし、「文明一元論」と「アジア主義論」を引き出した。文明一元論は転向型のイデオロギーであり、同時に、アジア主義はアジアの伝統として最初から転向に抵抗できなかった。

第六章では、1960年前後、民主運動としてあらわれた安保闘争は、竹内好にアジア的な伝統の価値を再認識させた。彼が、この運動をアジア的なナショナリズムの顕現とみなす理由は何であり、このアジア的ナショナリズムに何を期待したか、ということを解明する。さらに、60

年代以降、安保闘争の経験から竹内好は明治百年祭を提案したが、最終的にこの提案を撤退したと述べた経緯を整理する。明治維新と安保闘争を思想史的につなげようとした竹内好は、アジア主義を掘り出したが、『大東亜戦争肯定論』のような右寄りの言論を引き出した。近代化論が流行したこの時代には、アジア主義はどのように議論されたか、この章で検討する。

第七章では、竹内好の「明治維新と中国革命」の比較を手がかりに、彼のアジア論の延長方向を探りたい。「近代化の型」論で提起した「明治維新と辛亥革命」の比較は、1960 年代後半でさらに豊富になった。竹内好は、辛亥革命から中華人民共和国の成立にかけて、中国の革命に一貫するものがあると説いた。そして、毛沢東の根拠地理論に注目し、中国革命を推進する原動力であると考えた。と同時に、同時代世界的な大きな出来事として、文化大革命に対する竹内好の考え方を示す資料をできる限り発掘し、「文革」と「近代の超克」との観念上の関連を論じる。

第八章では、視点を変えて、日中知識人の科学に関する論争を通して、近代化過程における「アジア的な心情」の存在を考察する。竹内好は戦後、アジア主義研究において「アジア的なの心情」の存在を提示し、戦争イデオロギーと見なされてきた「近代の超克」を再発見した。そこで、本章は 20 世紀初頭中国で発生した「科学と人生観」論争を取り上げ、座談会「近代の超克」と比較しながら、ヨーロッパ的近代に対する「抵抗」の代表として支持されていた竹内好の中国像を検討し、最後にタゴールの中国訪問を通じて、アジアにおける「近代を超克する」心情の様態を探る。

終章では、中国において進行している竹内好批判とあわせて、竹内好の提起したアジア論の普遍性とアジア論の内部における衝突を描き出す。そのうえ、今日におけるアジア論の継承の仕方を批判し、竹内好を論じ続ける方法を提示したい。

# 第一章　アジア的思惟の形成

## 1．中国留学と中国への関心

1931年4月竹内好は東京帝国大学文学部支那文学科に入学し、近代中国文学を専攻した。彼は近代中国文学研究者として名をあげたが、支那文学科を選択した理由について、「一番やさしそうだから入っただけ」だったと述べた。「籍だけは中国文学科においていたが、本気で中国文学をやろうという気はなく、中国に対して関心もなかった」[1)]と彼は回想した。このような竹内好は留学をチャンスにして、中国との触れ合いを始めた。この留学は彼の生涯を中国と結び付けた。彼が真に中国のことを愛するようになったのは、おそらく第一次中国留学からであろう。

1932年8月から、竹内好は見学旅行で当時の満州に行った。見学旅行が終わって彼は北京に向かい、そして1ヶ月近く滞在した。中国語の勉強に励むと同時に、張資平という小説家の作品をはじめとして中国の小説に触れた。帰国後、彼は中国近代文学研究を掲げ、中国文学研究会の結成に着手し、「郁達夫研究」という卒論を提出した[2)]。やがて、1935年2月竹内好は武田泰淳らと『中国文学月報』を創刊し（1940年6月『中国文学月報』は『中国文学』と改称）、現代中国文学研究者として中国研究の領域に登場した。中国への無関心から中国研究者へ転換したきっかけは、中国留学であると言わざるを得ない。では、この影響は具体的にどのようなものであろうか。彼は20年後に書いた文章の中にこう述べている。

　私の目的は、中国人の心をつかみたい、自分なりに理解したい、一歩でもその中に踏み込んでみたい、ということであった。行きずりの男たち女たち、朝晩顔を合わせる下宿のボーイたち、彼らが私にとって人間的な魅力を増やしていけばいくほど、ますます私は彼らとの内的な疎隔が不安になり、もどかしくなった。確かに私と彼らの間には共通のルールが働いていることを感じるのだが、そのルールを取り出すことができない。そのルールは文学によってしか取り出せないことを、経験から私は確信していた[3]。(傍点引用者)

この「共通のルール」という言葉にはかなり複雑な意味が含まれている。まず、彼は中国では自分と同じような人間がいることを発見した。これと対照的なのは、当時中国学に主流を占めていた支那学である。いわゆる、西洋的な学風によって作り上げた支那学の体系は、中国研究の学術性を強調した。それと同時に、中国というものに客観的な研究対象であるという認識を持ちつづけなければならない。支那学のかかげた「科学性」が成り立つと同時に、中国を研究することにおいて、研究者である自分と中国は分離されてしまった。

これに対して、竹内好の中国観は感性的で素朴であると言えよう。中国を外在的な存在とする観念に反対して、彼は『中国文学研究』を舞台にし、支那学者との間で激しい論争を起こした[4]。

自分と中国の「共通のルール」という問題意識は、竹内好の中国観に重要な基調を与えた。彼が日本と中国を比較し、中国から何かを取り入れようとした動きはすでにここから始まっている。

現代中国文学のほかに、彼が手に入れたもう一つの重要なものは孫文の『三民主義』である。彼は『三民主義』を読み、これまでにないような感動を受けた。

原文を読むと、孫文その人の熱弁が、大きく起伏する波のような独特のリズムに乗って伝わってくる。しかもそれは、天から降ってくるのでも地から湧いてくるのでもなく、巷の騒音に共鳴しながら伝わってくるのである。まさしくそれは生活共同体の中で鳴りひびいている雄弁であり、生活そのものを煮詰めて出て来た思想である。私は感動をおさえることができなかった。ああ、中国人がここにいる、現に目の前にいる中国人の純粋結晶がここにある、という感じが実際にした[5)]。

彼がどれほど感動したかはこの文章を通じて分かると思う。アジアにある一国として自立しようとする願望は、彼にとっては魅力的だった。彼はこの願望は中国人に普遍的にあるものであり、中国を象徴するものと見るようになった。彼は戦後、中国革命史を整理し、独立を求める一貫した精神的な流れの一環として、「三民主義」を大いに評価した。中国には、これほど強い独立精神がある、という意識は竹内好の生涯を貫いていた。

それに、革命家である孫文が日本と深くかかわっていたことは、アジア連帯の一例として、竹内好にとっては、アジア主義を解剖する一つの切口になりうる。

共同研究の過程で、私は自分が以前から立てている仮説を主とする立場を守った。その仮説というのは、日本の近代化の当初において、アジア的連帯へ向かう可能性があったかも知れないが、その可能性は早くからチェックされ、明治三十年代、つまり日清戦争から日露戦争にかけて漸次消滅した、というのである。アジア的連帯の内容の説明はここで省く。一言いえば、平和五原則なりバンドン十原則の精神であり、それは私の見るところ、孫文の民族主義と本質的に同一物である。

私は今日、日本がアジア的連帯を回復することを希望し、そのための条件を「理論的に」作り出したいと念願している[6)]。

アジア主義を検討する際、竹内好は、孫文の大アジア主義から文章を展開した。戦争イデオロギーに染められた「アジア連帯」は孫文の時点においてすでにその真義を失ってしまったといえ、一方的な連帯ではなく、進行中の中国革命と連帯する可能性がある、というのが竹内好の基本認識であろう。さらに、「平和五原則」と「バンドン十原則」が孫文の「三民主義」の延長線上にあると竹内好は自分の論説を展開し、日本とアジアが連帯する基礎を、理論的に作り直そうと努力しつづけた。

中国体験を通じて、竹内好のアジア的な心情は育てられた。しかし、中国への愛着はやがて歴史に翻弄され、彼自身は中国を相手にする戦場へと送られた。戦場の事について彼は殆ど述べていない。戦争が彼にもたらしたものは、屈辱と罪でしかない[7)]。大東亜戦争、後に太平洋戦争と称するものが、竹内好のアジア的心情をより複雑にさせたと思われる。

## 2．戦争宣言から見る戦争論

「大東亜戦争と吾等の決意（宣言）」――1942年1月発行『中国文学』第80号の巻頭に無署名で発表されたこの文章は、竹内好の人生の抹殺できない汚点となるかもしれない。当然、当時厳しい思想統制の下で戦争に協力し、屈服したような文章は大量に残されている。しかし、竹内好がこの文章であらわした思想を撤回したことはなかった。それは、この文章の中に彼が引き続き堅持していた考えがあるからかもしれない。それを掘り出すために、大東亜戦争に協力する決意を表すこと自体の問題はさておき、とりあえず竹内好のこの戦争に関する当時の認識を分析してみる必要がある。

この文章の冒頭は禁じえない興奮の心情が見事に描かれている。同時に「12月8日」の意味についてはこう述べられている。

> 歴史は作られた。世界は一夜にして変貌した。われらは目のあたりそれを見た。感動に打顫えながら、虹のように流れる一すじの光

芒の行衛を見守った。胸にこみ上げてくる、名状しがたいある種の激発するものを感じ取ったのである。

12月8日、宣戦の大詔が下った日、日本国民の決意は一つに燃えた[8)]。

以上の引用から、作者の感動する源のひとつは宣戦であることが分かる。1941年までは日本が中国に対して宣戦したことはなかった。「宣戦」という大詔が下されたことに、服従は余儀なくされた。ただし、ここまでには、竹内好の考えは示されていない。その次、竹内好はこう述べている。

戦争は惨めであるとしか考えなかった。実は、その考え方のほうが惨めだったのである。…

率直にいえば、われらは支那事変に対して、にわかに同じがたい感情があった。疑惑がわれらを苦しめた。われらは支那を愛し、支那を愛することによって逆にわれら自身の生命を支えてきたのである。支那は成長してゆき、われらもまた成長した。その成長は、たしかに信ずることが出来た。支那事変が起こるに及んで、この確信は崩れ、無残に引き裂かれた。

…わが日本は強者を懼れたのではなかった。

（中略）

われらは支那を愛し、支那と共に歩むものである。…今日われらは、かつて否定した自己を、東亜解放の戦の決意によって再び否定され直したのである。われらは正しく置きかえられた。（傍点引用者）…われらは支那を研究し、支那の正しき解放者と協力し、わが日本国民に真個の支那を知らしめる。われらは似て非なる支那通、支那学者、および節操なき支那放浪者を駆逐し、日支両国万年の共栄のため献身する[9)]。

ここで注目したいのは、まず戦争の性質についての認識である。この文章で見れば、竹内好を含む多くの人々はこの宣戦による戦争の性質は対強者の戦争、つまり対帝国主義者の戦争であると考えている。そしてもう一つの戦争があり、それは東亜解放の戦争である。しかも、東亜解放は、帝国主義からアジアを解放する戦争であり、アジアを戦争の相手としなかった。このように竹内好の認識では、戦争を発動した日本は二重の性格を持っている。

このような戦争認識は戦争の発動者である日本が一方的に作り出したフィクションであることは言うまでもないだろう。「大東亜戦争と吾等の決意（宣言)」という文章は戦争に協力する宣言であることを否定する余地もない。しかし、戦後、彼の思想的探索の突破口となったこの戦争は彼にとって極めて重大な意味がある。戦争の正義性についてはほぼ否定されたが、実際このアジア同盟対帝国主義という図式は、竹内好の頭に刻まれた。「近代の超克」は、まさにこの様な図式に基づいて、展開された議論である。

これまで多くの竹内好の戦争支持言論はこの宣言にとどまらなかった。1943 年 4 月、当時中国華北に派遣された軍隊を対象に、『国民政府参戦と北支派遣軍将兵』と題する小冊子が配布されたが、その文章の内容に竹内好は「感動を禁じなかった」と述懐している。

> その文章は三つの部分から成っている。「大東亜戦争の様相と我等の覚悟」、これは総論である。「日華提携の根本精神と国民政府参戦」、この部分が当面の主題である。「将兵の信条」、その主題を自己一身の立場に還元し、「われわれは先づ一人一人が皇軍将兵の真面目を発揮して中国人民の心を把握し「彼らの信頼を受け」るためには如何にすればよいかという心構えが五項目にわかって説かれている。その項目はいずれも十分に具体的である。
>
> 私の感動した理由の第一は、この文章が、大東亜建設の課題を精

神の問題として、何よりも文化の問題として把えていることである。「大東亜十億民心の結束を俟ってこそ始めて大東亜戦争の東亜的使命が確立せられ且つこれが真の完遂を期しうる。」資源の問題も究極において精神の問題に帰属される。「大東亜共栄圏の思想建設こそ大東亜戦争の始めにして終りである」とさえ、この文章は云い切っている。明確というのは、このような言葉のことである。更に、その「大東亜十億民心の結束」の実現のためには「力による強制のみを以てしては断じて不可能である。」、「何故ならば、力の強制による結束は飽迄表面または一時的の結束に止まるからである」。では如何にすればよいか。支那の場合は「日本人が中国の独立国家たる権威とその誇りとを尊重し、正義と誠意とを以て真の提携を図る」ことによってそれは達成される。「これに反し、尚誤れる優越感を以て中国人を劣等視し、好意的支援と干渉とを混同して日本人が独善主義あるひは圧迫」などの態度に出るならば、それは永久に達成されぬのである。

『国民政府参戦と北支派遣軍将兵』は北支軍将兵に読ませるため編まれたものである。しかしそれは全日本国民の読むべき書物であると私は思う。就中、文化人、ことには支那に関する学問をしている私たちの読まねばならぬ書物である。何故ならば「大東亜戦争の東亜的使命が確立せられ、かつこれが真の完遂を期しうる」所以であるところの「大東亜共栄圏の思想建設」こそ、私たち支那研究者が身をもって掴まぬばならぬ必死の課題だからである[10]。（傍点引用者）

武力の執行者である軍隊を相手に、民心の結束の大事さを説教することは、単純に戦争を粉飾する大義名分であろうという理解でこの小冊子を片づけることができるかもしれない。「力による強制のみを以てしかしては断じて不可能である」という文面は、アジア各地で罪を起こした歴史事実と照らし合わせると、皮肉にしか見えない。しかし、この片づけ方では、竹内好が理解されなくなる。彼は自ら中国に接近し、中国人との共感に基づいた文学を選んだが、主流である支那学は科学性を徹底的に追及し、同時代の中国に殆ど興味を持たない。「中国の独立国家たる権威とその誇りとを尊重し、正義と誠意とを以て真の提携を図る」という意識は支那学の世界は到底生まれてこないであろう。竹内好が惹きつけられたものは、この小冊子に表された中国への関心と連携を図る情熱である。更に、このような関心と情熱を日本の中国研究界に取り入れようと考えた。

> 私が感動した理由の第二は、それが他人を責めるのでなく、あくまで自己の責任として自分の問題として述べている態度である。「華北においても誠に中国人の模範たり得ない一部の日本人が、ただ単に日本人であるといふ誤れる優越感に起因し、不遜な態度を以て中国人に臨んだものはいなかったか。我が将兵中においても、知らず識らずその言動を誤って居た者が一人も居なかつたと云へるだらうか」と反省している。そう反省することが、「我々軍人として深く御稜威の心を体し……その本分を尽くし、以て聖明に応へ奉らむことを誓」う所以だと述べている。「我々は他を云ふ前に軍の一人一人がまづ自ら日華提携の範たるべきことを神明に誓はうではないか」とその文章は結んでいる。私は支那研究者の一人として、支那研究者の何人かがかつてそのような反省を自分に行ったかを考えて、茫然たらざるを得ぬ[11]。

この文章の続きで竹内好は、華北派遣軍に配られたこの小冊子と対照となる支那学者の学問の態度に対して痛烈な批判を行った。彼はまず内藤湖南の有名な『支那論』の冒頭を取り上げた。

「支那の時局は走馬燈の如く急転変化して居る。之に対して意見を立てる人々は、動もすれば其の推断の外れ勝なるが為に、いかに支那事情に通達したものでも、他の信用をも落し、自らも茫然たる事が多い有様である。之は支那の歴史が、従来其の変化のいつも遅緩なる例を示して居たのに、近頃の文明の利器の利用は、全く反対の結果を齎した上に、本来支那人が無節操で日和見で、勢力に附和して、一定の主張に乏しい処からして、始終ぐらぐらして、傍観者から全く見当が付かない為である。」(内藤湖南『支那論』)[12]

支那学の代表作に対して竹内好はこう批判した。

この高名な学者の態度は、一見して『国民政府参戦と北支派遣軍将兵』の態度と異なることは明瞭である。すなわち、彼によれば「いかに支那事情に通達した者」でも支那の時局に対して「動もすれば其の推断の外れ勝」なのは、その推断が間違っているからではなくて「本来支那人が無節操で日和見で、勢力に附和して、一定に主張に乏しい」からである。「傍観者から全く見当が付かない」のは傍観者が悪いのでなく、相手が「始終ぐらぐらして」いるせいである。「支那の歴史が、従来其の変化の遅緩なる例を示して居た」のに「全く反対の結果を齎ら」すような現象が起きたとすれば、それは歴史法則の変革を示すものではないかと考え、認識の態度を反省するのが正しい学問の道であるに拘わらず、この学者は「支那事情に通達した」と信ずる自己の独断を疑わず、却って歴史そのものを錯誤なりと裁いている。この高名な支那学者をして「他の信用をも落し、自らも茫然た」らしめた不幸な近代支那の苦悶は、学問の態度としての「誤れる優越感」をもって報われているのである。一湖南の問題は、単に一湖南だけの問題ではない。私は、支那学者の九割までが、湖南もしくは湖南以下であることを確言する[13]。

竹内好は中国と接触する一つの態度を強調した。それは知識の高さを以て、研究対象となる中国に対して判断をくだすのではなく、相手の苦悩を身を以て感じ取り、同じ苦悩を自身から発見することによって、自分と研究対象と平等に結びつけようとする態度である。文学においては、後述するように、彼は最初に郁達夫に目をつけたのは、郁達夫にこの態度を見出したからである。

にもかかわらず、華北派遣軍に配られたこの小冊子は、当然華北派遣軍を規定することはできなかったし、戦争のすべてを代表したものでもなかった。わずかに一つの希望を見せてくれたに過ぎない。同時代の中国を理解するために、現代文学という新しい道を開いた竹内好にとっては、戦争のための文学活動へ参加する行為は到底許されるものではなかった。そう考えると、戦争支持と戦争拒否の間に、果たしてほかの道はあるだろうか。

## 3. 回教圏研究とアジア主義の思想

実は、大東亜戦争に対する支持と拒否の間に挟まれた竹内好は、戦争への関わり方を別の領域で実現していた。1940年4月から、竹内好は大久保幸次（1987-1974）が所長を務める回教圏研究所へ研究員として入所した。1931年満州事変以降、日本の帝国主義的膨張に伴い、華北・西北にわたる広い範囲で軍事活動を展開する陸軍にとって、中国大陸在住のイスラム教徒との接触は不可避となった。これに対応するため、イスラム教徒[14)]を対象とする情報収集と調査研究が急務となったが、イスラム研究は東洋史・西洋史・日本史に分かれる明治以来の史学システムから逸脱していた。また、中国における回教徒を考える場合、孫文の民族主義に掲げる「五族共和」の中に含まれている回疆民族のほかに、漢民族と長い間共同で生活を営んでいる回教徒の存在も無視できないものであった。回教圏研究所はこのような中国大陸の回教徒を研究するほか、インドネシアなどアジア地域のイスラム教徒も視野に入れて調査を進めた。まさに日本が膨張する要求にこたえるようなこの研究組織の「侵略の手先」として性格は、否定できない。ところが、回教圏研究所が実際行った調査活動は、所長である大久保幸次の個人的経営者風に大きく左右されており、出版物『回教圏』の編集方針も経営母体で軍人の援助により設立された善隣協会から文句を言われるほどである。大久保は、日本政府の回教政策に興味を示さず、あくまで学問と研究の立場を保とうとしたという[15)]。以上、回教圏研究所の性格に対する理解を踏まえて、竹内好が行った回教研究を分析してみたい。

『回教圏』で最初に掲載された竹内好の研究は、中国の歴史学者である顧頡剛（1893-1980）の回教問題に関する論説を紹介したものである。本来中国古代史を専門とする顧頡剛がなぜ現実社会における回教徒に積極的に目を向けたのか、ということについては疑問がある。これについて竹内好は、「回漢間の実際の状態はどうかというと、「相互の無理解と、それに基く軋轢」には甚しいもある」という顧頡剛の問題意識をとらえたうえ、「侮教事件は毎日の支那の新聞雑誌に珍しいことではない」[16)]ような中国社会の実情と照らし合わせて、顧頡剛の憂いを洞察した。

> 彼ら回教徒の有する信仰の誠実さ、団結の堅さ、事に当っての勇敢なことと、生活の上の克苦精励に自分は強く打たれた。中華民族の復興のために彼らの担うべき役割の重要さと、そのためには非回教徒がよく回教徒を理解して共同しなければならぬこととを悟った」と述べている。…
>
> 清朝政府が自己の統治力を強めるために回漢を隔てて互いに牽制せしめた、「その愚弄政策が意識的に作り出した結果であって、信仰と生活習慣の関係で回人と漢人が本質的に接近出来ないのではない」と彼は見ている[17)]。

顧頡剛自身が「民国20年（1931年）以前には回教に注意したことが

なかった」[18]と告白しているように、彼が回教徒集団の存在に気付いたのは、やはり満州事変の影響である。日本軍の回教徒に対する協力工作は、当時の知識人を強く刺激した。「中国民族の復興のため」という言葉を掲げる顧頡剛の本音は、日本の侵略に立ち向かうべく、漢民族と回教徒の団結を呼びかけることであった。顧頡剛は回教を一つの宗教として認め、漢民族はその宗教性を理解できると主張した一方、中国の長い歴史における文化融合の観点から回教徒と漢民族の民族的同一性を唱えた。竹内好は彼のこの主張をとらえている。

> 彼によれば、回教徒と非回教徒は、単に宗教の一点で異るだけで、民族としては単一である、等しく手を携えて中華民族文化の建設のために努力しなければならないので、その間に対立相剋する要素は何もない、というのである。…漢民族が優秀な文化圏を有ち、辺疆の諸民族をその中に包摂していた歴史は極めて旧いから、政治の状態が変更された今日になっても、彼らが常に大中華の理想への回帰を志すのは避け難いことと云わなければならない[19]。

中国の内部で自ら回教徒の問題を発見した点において、竹内好は顧頡剛を高く評価している。しかし、竹内好の回教研究を読むと、顧頡剛との考えの相違がわかる。まず、竹内は顧頡剛と似たような心情で、日本人と回教徒との接触について懸念を示している。

> 勿論、支那事変以後、われわれは北支および蒙疆の回教徒に接する機会に恵まれ、多少の経験を積んだのであるが、それは東アジア全体の回教から見れば云うに足りない微力なものであり、その経験もまだ充分には生かされていない現状である[20]。

中国における回教徒と接触する経験を東アジア全体の範囲において生

かすことを念頭においたこの論述は、「大東亜共栄圏建設」の理念を色濃く反映している。回教圏研究所の性質を考慮すれば、こういった協力的姿勢をとるのは、当然のことともいえる。この問題はさておき、竹内好が、回教徒との接触が少ないことに危険性を感じるという顧頡剛の問題意識を継承しているということは確認しておきたい。竹内好は引き続きこのように主張を述べている。

> かかる事例に慣れない日本人が、大陸や南洋諸島に進出する場合は、よほどの戒心が必要である。異教徒にとって、何でもない、些細なことと思われるようなことが、信徒から見れば重大な信仰の根本に触れる場合が多い。彼らは命に替えてもそれを守ろうとする。それに政治的事情が加わると、よく大規模の擾乱が起ること、歴史上その例に乏しくない[21)]。

顧頡剛の主張と呼応するように、竹内好は回教徒との衝突に細心の注意を払うよう、呼びかけている。漢民族と回教徒の間の衝突は、日本人にとって戒めであると考えられる。中国研究者として、竹内好は顧頡剛に代表される中国人研究者の研究成果を充分摂取したといえよう。ただし、竹内好の論点は、顧頡剛を祖述することだけで終わるものではなかった。顧頡剛との違いに関しては、おそらく以下の一文絡みだすことができよう。

> 将来の新しい世界を建設する足場となるべき現在の東亜共栄圏内の諸地域を眺めてみると、あらゆる点に於いて、その雑多な様態に驚くのである[22)]。

顧頡剛は漢民族と回教徒に同一の国民国家を形成させる観点から、「中華へ帰化」を強く意識した姿勢をとっていた。これに対して、竹内好は回教の異相を東亜共栄圏の多様性の表れとしてとらえ、これを「雑多な様態」のありのままの姿を強調している。顧頡剛と対照的に、アジアの多様性に注目する竹内好の姿勢は、アジア主義の思想的原点として位置づけられる岡倉天心と重なっている。アジアを遍歴した岡倉天心は「アジアがいかに多様であるかの現状認識はきわめて深い」[23]にもかかわらず、「アジアは一つである」と主張した。同様に、竹内好も大東亜共栄圏の基礎は多様性を包括する力であると考えた。

> 最後に一言、大東亜共栄圏の将来に於いて回教の果すべき役割を考えてみたい。…歴史を創造するものの努力のみがそれを決定する。日本文化を世界に光被せしめるためには、性急であってはならない。理想は遠大に、しかし歩みは着実でなければならぬ。一億人口の信仰の根本箇条にうかつに手を触れることは、宗教的に彼らを死地に陥れるばかりでなく、現にある社会秩序を破壊することになる。オランダの愚民政策はもとより八紘一宇の大精神に遠い。…性急は禁物である。これは何も回教に限ることではないが、とくに日本人一般の回教常識が低いために、その感が深いのである[24]。

岡倉天心がアジアの「多様な環境と、たがいに相関的な社会現象」に対して、西洋がかくも無知でいる」[25]限りは、アジアを取り巻くことができないと考えたように、竹内好もオランダのインドネシア植民統治における愚民政策をわざわざ否定の対象として取り上げるまで、回教徒の信仰を尊重する重要性を説いた。これが日本のインドネシア進出を意識した発言であることは否定できないが、戦争状態という異常な空間の中で、「性急は禁物」という竹内好の注意喚起は、彼が感動を覚えた「力による強制のみを以てしては断じて不可能である」という軍隊向けの宣伝文句を想起させる。回教徒に対する尊重を唱える彼の主張は、アジア主義的な要求であるといえよう。

果たして、竹内好のこの要求は実現可能であるかどうかは、議論する余地がある。少なくとも竹内好自身は、その幻の成果として、北京で回教徒を取材したときに出会ったあるシーンを記した。

> 北京の西単牌楼清真寺の教長室で、額にはいった次のような布告文を見つけて、心牽かれたので、写しておく。
>
> 西単牌楼清真寺
> 一、右ハ回教ノ寺ニシテ宗教ノ関係上教徒以外者ノ礼拝堂及沐浴所ヘノ出入ヲ忌ムヲ以テ宿営等ニ当リテハ成可ク該箇処ヘ出入セサルヲ要ス
> 二、回教徒ハ皇軍ノ行動ニ対シ理解アリ使役奉仕ヲ申出テ居ルヲ以テ適宜利用スルモ差支ヘナシ
> 三、寺内ニ於テ獣肉ヲ調理スルハ教徒ノ最モ忌ム所ナリ成可ク避クルヲ要ス
> 昭和十二年十二月十日　　大日本本支那駐屯憲兵隊[26]

占領に置かれた北京で、竹内好は「清真寺」と呼ばれるイスラム寺院が保護されている様子を目にした。実際日本軍が、この布告文通りに行動していたかどうか、おそらく竹内好もわかっていなかったであろう。竹内好の心を牽いたのは、戦時下における一種の平和共存の構図である。彼にとってこの布告文は、日本人と回教徒の間で互いを尊重しあう理想を実現した証に見えたかもしれない。加々美光行によるアジア主義の定義[27]を借りれば、各地で回教徒を取材する竹内好は、生活者としての回教徒と大東亜共栄圏思想建設の理想を抱く彼自身の間に、共存と連携の関係が築かれたと錯覚をしていた。とはいえ、厳しい思想統制が行われた戦争体制の中、たとえ一瞬であったとしても平和共存の形を懸命に記録しようとした竹内好は、わずかな平和の希望を救い上げようとし、

その努力をあきらめなかった。

日本軍の戦争展開に関与した竹内好の行動は、日本軍に配布された小冊子に感動し、日本軍の現実的な要求により組織された回教圏研究所で活動したことに代表されるように、ある意味日本の帝国主義的膨張に伴っていた。しかも、文学者の協力組織への参加を拒否するほかに、その膨張の流れから逃れるすべはなかった。竹内好にとって、回教研究所の仕事は一種のアジア主義原体験であるともいえよう。

## 4．郁達夫から魯迅へ

1943 年、竹内好が自分で育てた雑誌『中国文学』は、「『中国文学』の廃刊と私」を以て幕を閉じた。廃刊について彼は、「私はただ、自分が身を退くこと、雑誌が更生すること、この二つを望んだ」[28] と述べた。『中国文学』の 廃刊には、二つの理由があると思う。

まず、『中国文学』廃刊の外部的原因（「身を退くこと」）。1942 年 11 月に発表されたもう一篇「大東亜文学者大会について」[29] で、竹内好は大東亜文学者大会への入会を拒否した。この大東亜文学者大会は戦争協力組織であることには間違いない。しかも、この大会の会員には、川端康成、林房雄などの人物が挙げられる。それに、この「大東亜文学者大会について」によれば、竹内好を推薦し、入会を勧告した人には増田渉がいた。この人は中国文学研究者であり、中国文学研究会の会員でもある。このような状況の下で、入会を拒む竹内好は中国文学研究会の解散を決意せざるを得なかったのだろう。総力戦体制の下、思想の独立性を守ることは甚だ難しかったことが考えられる。

次に、内部の原因（「雑誌が更生すること」）。竹内好は中国文学研究会の解散は自然であると考えた。彼は『中国文学』の中で、「私（竹内）を否定するものの出現を待ちうけていた」。これから考察する竹内好の「内部から自己を否定しなければならぬ」という思想様式は、すでに芽生えているのではないかと私は思う。彼が魯迅の作品を読み始めたのは、

1936年であり、魯迅についての詳しい研究は1941年から始まった。これと対照的に、『中国文学』の廃刊は1943年のことであり、つまり、彼はこの時期、魯迅に深く影響されていることが推測できる。「自己否定によって内部から改新する」という考えは、果たして魯迅から継承したものであろうか、それとも、竹内好と魯迅の間に共通するものであろうか。以下で検討するように、竹内好は魯迅研究を通じて、生涯を貫く重要な思考様式を発見したといえるだろう。

孫歌は、竹内好は魯迅を研究することによって、重要な思考様式を獲得したと論じている。

> 竹内好は『魯迅』の中で一つの基本原則を提起した。それは内部から発した否定のみが真の否定であるという命題である。言い換えれば、自己否定のみが否定の価値をもつということであり、自己否定を経ない思想や知識、外からやって来た既成のものは、いかなるものであれ生命力をもたず、死んだ知識であるということだ[30]。

結論を先に急ぐと、この基本原則は、竹内好が自ら展開した日本近代化批判の論理的基礎となった。これについて本書第二章で展開するが、ここで魯迅に辿りつく竹内好の文学の営為を振り返ってみたい。

「戦前の写真、繊細な表情の文学青年であり、後年の「国士」的な外見とは程遠い」と小熊が気づいたように[31]、文学青年としての竹内好は、戦闘的で強烈な性格の持ち主である魯迅とは、一定の距離があった。小熊によると、「貧困家庭」の出身である竹内好は、一種の「劣等感」のような弱みを持っていた[32]。それがゆえに、郁達夫について卒論を書いた彼は、弱みを見せたくない感情を郁達夫の文章に見つけて、感銘を受けた。彼のいう郁達夫は時局に苦しめられている文学者であり、彼の文学はその苦しみの発露である、と論じた。

竹内好は卒業論文で、直接的に政治とのかかわりを避けながら、人間の苦悩を徹底して描写することをよって同時代の人間とのつながりをはかる文学者として、郁達夫を描いた。

> 郁達夫——彼は苦悶の詩人であった。彼は自己の苦悶を真摯なる態度を以て追求し、大胆な表現の中に暴露することによって中国文壇に異常な影響を齎した。何故ならば彼の苦悶は同時代の青年の社会的苦悶の集約であったからである。だが、中国社会の進化の急速さは永久に彼の苦悶を今日の苦悶として止めることは出来なかった。時代の転換期に於いて彼は新しい苦悶の渦中に飛び込むことなく、自己の歩んだ道を固守することによって苦悶から脱却したのである[33)]。(傍点原文)

しかし実際、郁達夫が竹内好に決定的な影響を与えていないことは確かであろう。郁達夫は竹内好が考えたように、現実としての政治との距離をとり続ける人間ではなかったからである。1936年、郁達夫は抗日運動のため来日し、在日中国留学生を相手に抗日演説を行ったため、警察に逮捕された。日本の侵略という「苦悩の渦中に飛び込んだ」のである。竹内好本人によると、彼が魯迅研究を始めるのは遅かった。彼は最初に魯迅と敵対する創造社に注目した事情があり、魯迅について文章を書くのは偶然であると述べた。しかし、彼の書いた「魯迅」では、魯迅と郁達夫の区別についてこう説明している。

> 革命文学に華やかに転向した多くのものが、もう一度転向したり、持久戦から自然脱落したりしたが、そうでないもので、政治にはなれて、自己完結的に芸術性を持続し得たものもあった。個性の強く、内向的な文学者は、そうなる。(ただ魯迅は例外だ) 虚無的な自由思想家 (周作人)、耽美的な象徴詩人 (廃名)、同じく自然詩人 (郁達夫) などだ[34)]。

この中国文学史の断片から、「個性が強く、内向的な文学者」であるという点では、魯迅と郁達夫は同質だが、別の点では大きな違いがあると竹内が考えていたことがわかる。実際、中国の抗日戦争のために奔走した郁達夫に比べて、魯迅は生涯を通じて革命に献身したことは殆どなかった。それどころか、所謂進歩文学が出る度、魯迅は先ずその進歩的な立場の反対側に立っていた。このことについて、竹内好は自分なりに認識していた。たとえば魯迅と梁啓超の関係について、竹内は次のように述べている。

魯迅は…梁啓超の影響を受けたかもしれないが、受けたと考えるより受けなかったと考えるほうが、考え方としては正しいのではないか。少なくも彼の本質的な面では「影響」を受けなかったのではないか。また受けたとしても、その受け方は、その中から自己の本質的なものを選び出すためにその中へ身を投ずるという仕方で、「掙扎」的な受け方をしたのではないか[35)]。

現れとしての「潮流」にすぐに乗らず、自己を保つために抵抗する。この抵抗によって、「掙扎」（生きるために苦闘する、また悩むこと）が生れ、結果として「自己の本質的なものを選び出す」ことができる。竹内好は魯迅においてこの思想の流れを発見した。竹内好にとって魯迅は極めて内的な人間であり、その内的な指向から根本的な革命が生まれると彼は考える。彼は社会的、歴史的視点から、魯迅を以下のように評価した。

自由、平等、そのほか一切のブルジョア道徳の輸入に対して、魯迅は抵抗した。抵抗したのは、それらを権威として外から押しつけることに抵抗したのである。基盤のない前近代社会へ新しい道徳を持ち込むことは、それらを前近代的に変形してしまうだけで、人間を解放することにはならず、かえって圧制者を利する手段に転化するにすぎないことを彼は見抜いていた[36]。

抵抗という概念は、竹内好にとって極めて重要である。彼は魯迅からこの文学的精神を見出して、アジアにおける抵抗の型という問題を大いに取り上げた。魯迅の文学精神は、竹内好がアジア論を展開する上で最も基礎的な理論基盤となったと言えよう[37]。だが、「掙扎」という語彙に含まれた「苦悩」は、注目されてこなかった。それはいわば、竹内式近代化論が発生する前提であり、抵抗という行動に出る根源的な理由でもある。次章で論じるように、日本の近代の「回転」はむしろ「苦悩」を切り捨てたときに出た行動であり、竹内好が中国と出会ったとき育てたような「心情」を押さえ込んだ事態を表現しているといえよう。

# 第二章　近代化論の展開とアジア

## 1．魯迅と近代

戦後、日本に戻ってきた竹内好は、中国文学研究者としての立場から、積極的に近代化を反省する思想活動を行った。戦争宣言のような「燃えた決意」は戦争が残した灰燼に満ちた現実に直面する中で、日本が戦争にまで歩んできた道を反省する決意へと転化したと言えよう。彼は日本と中国の近代化を比較する事業に着手し、論壇に登場した。手がかりになるのは、やはり魯迅である。

竹内好は戦争中に書いた『魯迅』の中に、魯迅は先覚者ではないと繰り返して強調している。

> 中国の近代文学は、人々が想像するほど脆弱なものではない。少なくとも、昨今の日本文学ほどは脆弱でないと私は信じている。しかし、たとえ脆弱であっても、また如何に短期間であっても、一個の独立した文学者としてその全史を生き抜くことは、普通には考えられぬことである。不可能と云って差支えないほどである。だが魯迅は、その不可能に近い困難を実現した。それは何故、魯迅において可能となったか。
>
> 魯迅がもし先覚者であったとしたら、それは不可能のはずである。彼は先覚者ではない。彼は一度も、新時代に対して方向を示さなかった。もっとも公式主義的な批評家の魯迅論においてさえ（例えば平心「魯迅の思想を論ず」など）この点は認めているほどである。魯迅のやり方は、こうである。彼は、先もしないし、追従もしない。まず自己を新時代に対決せしめ、「掙扎（そうさつ）」によって自己を洗い、洗

> われた自己を再びその中から引き出すのである。この態度は、一個の強靭な生活者の印象を与える。魯迅ほど強靭な生活者は、恐らく日本では求められぬかもしれぬ[1]。(傍点引用者)

竹内好は、魯迅の回想「藤野先生」でよく知られている有名なエピソードを取り上げた。すなわち、「魯迅は身体しか治せない医学を諦め、文学で国民の精神を改造する道を選んだ」という一般認識となったストーリーである。しかし、竹内好はそこで、「人生のため、民族のため、あるいは愛国のための文学」は、「先覚者」でありながら「本質的に功利主義」だという見解をみせた[2]。この「先覚者」に対する否定や日本で求められない魯迅の精神は、竹内好の日本の近代化に対する反省とどうつながっていくだろうか。これについて本章で検討する。

## 2. 近代化理論：日中比較

中国を比較の対象とするのは、竹内好が中国文学研究者であるということ以外に、時代の影響もある。「ことに1948年ごろから、中国共産党の勝利が確実視されるようになり、中国への注目が急速に高まった」[3]当時、竹内好が設定した問題は、「後進国の近代化のタイプに二つあり、日本と中国とは異質ではないか、ということである」[4]。この問題に関して、最も重要な文章は1948年11月に発表された「中国の近代と日本の近代—魯迅を手掛かりとして—」(以下「近代とは何か」と省略)[5]であった。この論文には、竹内好の近代に関する多くの論点が詰め込まれている[6]。

むろん、戦後からしばらくの間、日本の近代化に対して反省を行った知識人は竹内好だけではなかった。例えば、丸山真男が1945年に公表した「近代的思惟」は、日本近代化の歩み、特に戦争中に現れた「近代の超克」に対して、猛烈に批判している。

近代的精神なるものがすこぶるノートリアスで、恰もそれが現代諸悪の究極的根源であるかのような言辞、或はそれ程でなくても「近代」に単なる過去の歴史的役割を容認し、もはや――この国に於いてすら、いなこの国であるだけに――その「超克」のみが問題であるかの様な言辞が、我が尊敬すべき学者、文学者、評論家の間でも支配的であった茲数年の時代的雰囲気をば、ダグラス・マカーサー元帥から近代文明の ABC の手ほどきを受けている現代日本とひき比べて見ると、自ら悲惨さと滑稽さのうち変わった感慨がこみ上げてくるのを如何ともなし難い。

…

我が国に於いて近代的思惟は「超克」どころか、真に獲得されたことすらないと云う事実はかくて漸く何人の目にも明かになった。従って嘗てのように我が近代精神史の研究に当たって先ずこの基本命題を口を酸っぱくして説明する必要は差し当たり大いに減少したと云える。

…

私は、近代的人格の確立という大業をまず 3 + 2 = 5 という判断の批判から始めたカント、乃至は厖大な資本制社会の構造理論をば一個の商品の分析より築き上げて行ったマルクスの執拗な粘着力に学びつつ、魯鈍に鞭打ってひたすらにこの道を歩んでいきたいと念願している[7)]。

敗戦後、日本各地は焦土と化したが、戦後改革の新風はかえって希望と活気をもたらした。しかし、丸山真男にとって、当時「猫もしゃくしも民主革命といってワァワァいう」状況[8)]は望ましくなかった。「近代」という精神的な基礎を築き上げることなしには、日本の民主主義再建はあり得ないと彼は深く反省した。過去に日本の近代化の成果に満足し、自尊自大に「超克」を口にする戦中思想界も、歴史段階論に従ってとにかく、社会革命を唱える戦後社会の左翼思想も、丸山真男の目には同一のように見えた。彼は着実な研究によって「近代」という概念の再建を主張した。

日本の近代を批判した竹内好と丸山真男は、似たような戦争体験を共有し、急性的な革命論に同じく否定的な態度を持っている。戦後の論壇においても、二人はよく顔を合わせているが、近代に対する二人の考え方は異なっている。丸山真男の視野で確立されるべき近代は、一つしかなかったのに対し、竹内好が求める近代は一つではなかった。この違いは、結局「近代の超克」に対する二人の態度の違いを導くことになる[9)]。ここで、まず竹内好の近代に対する理論を整理してみよう。

## 3．東西文明衝突論

「近代とは何か」の中に述べられた近代化に関する議論を整理すれば、三つの部分に分けることができる。すなわち、「東西文明衝突論」、「日本型近代化」、「中国型近代化」である。

第一部分では、竹内好は産業革命からの近代の歴史をまとめ、ヨーロッパの文化は拡張的であると判断した。

> ヨオロッパが、その生産様式と、社会制度と、それに伴う人間の意識とを、東洋に持ちこんだときに、今までなかった新しいものが東洋に生まれた。…東洋への侵入を必然にする根源的なものがあったことはたしかだ。恐らくそれは「近代」と呼ばれるものの本質と深く絡み合っているように思う。（傍点引用者）
>
> （中略）
>
> ヨオロッパが本来に自己拡張的であることが（その自己拡張の正体が何であるかという問題を別にして）、一方では東洋への侵入という運動となって現れたことは、認めてよかろう。
>
> （中略）

ヨオロッパの東洋へのあこがれは古くからあったが（むしろヨオロッパそのものが本来的に一種の混淆である）、侵入という形の運動は近代以後である[10]。（傍点引用者）

これは、近代化というものが出現する前提についての分析である。竹内好は歴史の断層から歴史を観察した。近代化の前に、東洋と西洋はそれぞれ相対的に独立していた二つの文明体系であり、ヨーロッパの文明は「拡張的」という特徴を持つと考えた。この分析は、19世紀末から20世紀半ばまで、ヨーロッパが主導した植民地体制を観察したうえで、ヨーロッパに下した判断であるに違いないだろう。

ヨーロッパの拡張によって発生した状況は、竹内好が「近代化」の過程に分け入る入口となった。彼の想定したこの状況には以下のような要素が含まれる。一つ、前進するヨーロッパだけが方向性を持つ。この方向は「近代」の方向と同一視できるし、「近代化」という歴史的な現象を起こす。ヨーロッパが持つこの方向は理性主義としてあらわれ、「近代化」は「理性の勝利」としてあらわれる。

ヨオロッパの東洋への侵入は、結果としては東洋の資本主義化の現象を起したが、それはヨオロッパの自己保存＝自己拡張を意味するものであり、したがって、ヨオロッパにとっては、世界史の進歩、あるいは理性の勝利と観念された。侵入の型は、最初は征服、それから市場の開放の要求、あるいは人権と信教の自由の保障、借款、救済、教育や解放運動の援助などと変ってくるが、そのこと自体が合理主義精神の進歩を象徴する[11]。（傍点引用者）

もう一つ、ヨーロッパに侵された東洋は、「後退」するように見える。「ヨオロツパは一歩ずつ前進し、東洋は一歩ずつ後退した」[12]という。この状況で、いわゆる「歴史的緊張の瞬間」が生じる。竹内好の理論はこの瞬間から展開していった。

歴史的には、東洋の抵抗は失敗に終わった。しかし、この失敗は現実の失敗を指していない。失敗するとは、ヨーロッパが前進する瞬間に、東洋はこの「前進」という意識を所有していなかったので、抵抗することはただちに意識面で「前進」と対抗できない歴史的な瞬間の状況である。ただ、東洋の抵抗は無意味でもない。竹内好は、この抵抗の敗北について、こう述べている。

> この前進と後退が、ヨオロッパにとって、世界史の進歩と観念され、理性の勝利と観念されるということ、そのことが、持続する敗北感のなかで、抵抗を通じて東洋に作用したとき、敗北は決定的になった。つまり、敗北は敗北感において自覚された[13)]。

というのは、抵抗の敗北によって、東洋には東洋である自覚が生まれる。ヨーロッパの「自己拡張＝自己保存」に対して、東洋の抵抗はこの歴史的な運動において自己を確立することに役割を果たした。

植民地化されつつあった東洋は後進であるが、東洋自体が「後進」という性質は当然持たない。この「後進」の由来について、彼はこう述べている。

> 理性は一歩前進の一歩においてでしか理性であることはできない。一歩前進の一歩において理性であるものが、一歩退却において理性でありえないのは当然であろう。もしあるとしたら、それは理性の実体ではなく、実体から反射した虚像であるだろう。したがって、もし実体が姿をあらわすとしたら、そのような虚像を拒否すること、つまり抵抗においてでしかないであろう[14)]。(傍点引用者)

つまり、「後進」という性質は、ヨーロッパの「理性」が普及する要求に応じるものであり、アジアの主体と対立するものである。「後進」という性質を持つアジアは、「虚像」であり、主体のないアジアである。しかし、ヨーロッパの拡張の前に、ヨーロッパとアジアは二つの異なる世界体系であったから、アジアという実体は存在する。実体が「虚像」を拒否することは、抵抗である。

東洋は内部において無差別に扱われたが、抵抗と敗北の段階で、東洋内部で分裂がおこる。竹内好は、抵抗と敗北について、独特の考え方を持っている。それは、抵抗の二重性ということである。

> 敗北感の自覚は、このような二次的の自己に対する敗北を拒否するという、二次的な抵抗を通じておこるのである。そこでは抵抗が二重になっている。敗北に対する抵抗と、同時に、敗北を認めないこと、あるいは、敗北を忘れることに対する抵抗である[15)]。

この抵抗の二重性からは、近代化の型の違いが生じる。一次の抵抗、つまり、敗北と認識した時点においては、抵抗する主体は方向（拡張に対抗する方向）を獲得することはできない。つまり、自覚することはできない。敗北を認めることを拒否する意識こそ、抵抗する主体を抵抗という方向に押し続ける原動力となる。つまり、二重抵抗こそ、ヨーロッパの前進に相対する抵抗運動となりうる。すなわち、自覚することができる。敗北を認めることは、一種の静止状態になり、その後、方向性を持たないため、前進の方向に巻き込まれるに決まっている。このように、抵抗には二つのタイプが生じる。

## 4．日本型の近代化

この前進＝後退運動の中で、日本はどのようにとらえられるか。竹内好は日本を一つのタイプの代表として扱った。

前進＝後退の運動において、前進の方向のなかから、前進という観念がつくられる、というよりも、精神そのものが前進的に構成されるのは当然であろうが、後退の方向のなかからは、後退という自覚は、当然には起こらない。なぜなら、前進の方向で前進的に構成された精神（それが真の精神である）だけが生産的であるから。後退の方向からは精神そのものが生まれてこない。一般にはむしろ、後退において、前進が意識される。

（中略）

後退の観念も前進のなかから生まれる。前進を相手に投射した対立概念としてそれは生まれる。したがって、相関的であるが、それが後退の方向に受け入れられる時には、もはや相関性を失って、それぞれ孤立した実態的なものに固定する[16]。（傍点引用者）

「後退において、前進が意識される」ことは、「後退」が「前進」を成し遂げることを意味する。これは「後退」と「前進」の相関性であろう。「二重抵抗」に関するところでも述べたように、一次抵抗は「敗北」を意味する。つまり、「後退」であると認定される。そうすると、①この場合は、相対的に静止の状態である。この静止状態にあるものは、主体を失っている。「虚像」を認めると実体が否定されてしまうからである。②「後進」として「前進」と対峙することはできなくなる。竹内好の表現でいうと「相関性」を失うことである。

「後進」として「前進」することには、自らの原動力が提供されない。「後退」を認めることによって押し続けられる。竹内好は、このような東洋の「前進」の運動は生産性を持たないと指摘した。それが日本型の近代化の特質である。

日本型の場合は、前進＝後退運動の時点で、運動する力は他力である故、他力にどれほど適応できるかという問題は日本の近代化のスピードに関わる。日本の近代化のスピードの激しさの理由を、竹内好は、日本文化の主体性欠如の中に求めた。つまり、日本文化の転向性が強いほど、短期間に近代化の成果を収めることができる。この転向性の強い文化は優等生の文化であると彼は定義した。この定義によれば、日本の近代化の成果は不断に優等生という身分を追いかけることによって獲得したものである。

> 学問なり文学なり、要するに人間の精神の産物である文化が、追いかけてつかまえるべきものとして、外にあるものとして、かれらには観念されている。それをつかまえる努力において、かれらはじつに熱心である。追いつけ、追いこせ、それは日本文化の代表選手たちの標語だ[17)]。

筆者は、竹内好が『魯迅』で提起した先覚者の問題との関連で、優等生は「功利主義的な先覚者」に近い存在であると考える。優等生は常に先端に立つことによって、時代全体に対して優位を保とうとするからである。自分を優位づけるために、優等生文化の底には、世界の「前進」という方向に対して絶対的な服従する精神がある。優等生文化論は「前進＝後退運動」の延長にあるといえるだろう。優等生文化論においては、優等生対劣等生の図式が見られる。この図式は、日本内部で、指導者と人民の分裂を引き出し、外部で先進した日本と後進したアジア諸国の分裂を引き起こす。

> 日本の民族性は世界一優秀だ。こんな優秀な文化をきずいた日本文化の代表選手である自分たち（日本の指導者のこと：筆者注）は、劣等生である人民とは価値的にちがうものだ。選ばれたものだ。おくれた人民を指導してやるのが自分たちの使命だ。おくれた東洋諸国を指導してやるのが自分たちの使命だ、となる。これは優等生根性の理論的展開である。
> …

> 自分たちが優秀なのはヨオロッパ文化を受け入れた結果であるから、その自分たちの文化的ほどこしを、おくれた人民は当然受けるであろうし、また受けるべきだという独断的な優等生心理を反映した結論がうまれる。これも主観的には正しい。もし人民が受けることを拒むと、それは人民がバカで、優秀なものを受け入れる能力がないからであり、保守的でガンコだからだとする。こういう指導者意識は、軍人や政・治家だけでなく、労働運動のなかにもある。軍人や政治家が人民を引っぱろうとしただけでなく、解放運動そのものが人民を引っぱる方向で、優等生心理でなされる[18)]。

竹内好はここで示したように、彼は戦争に対して反省する同時に、日本の近代化で形成した優等生心理は戦後にも引き継がれたことに反感を示した。「日本ファシズムの根は、右翼左翼をひっくるめて日本文化の構造そのものにあるわけだ」[19)] と指摘したように、丸山真男と同様に戦後日本の民主改革に一種の不信感を示した。

優等生文化を打破する方法はなんであろうか。優等生文化の構造を解体するために、唯一の権威としての優等生から視点を移し、見捨てられた人民と日本以外のアジア諸国を見直さなれければならないと考えられる。よって、主体性を取り戻す二つの方法が現れた。ひとつは、内部において、主体となる近代的な人間精神を作り直し、主導的な位置を与えることである。戦後民主主義思想はこのような発想に導かれたと言える（丸山真男はまさにこの方法を取っているだろう）。もう一つは、見下されたアジア諸国（竹内好の場合は中国）における抵抗の実像を探ることである。これが、竹内好の使命となったと言えよう。

## 5．中国型の近代化

日本が代表する近代化の型は一次抵抗であるのに対して、二重抵抗を可能にする原理がある。竹内好はそれを中国に求めた。「近代とは何か」

を書いた時期、彼にとっての中国像は魯迅だった。「近代とは何か」では、魯迅のドレイ論が取り上げられた。竹内好は魯迅のドレイ論についてこう述べている。

> ドレイがドレイであることを拒否し、同時に解放の幻想を拒否すること、自分がドレイであるという自覚を抱いてドレイであること、それが「人生でいちばん苦痛な」夢から覚めたときの状態である。行く道がないが行かなければならぬ、むしろ、行く道がないからこそ行かなければならぬという状態である。彼は自己であることを拒否し、同時に自己以外のものであることを拒否する。それが魯迅においてある、そして魯迅そのものを成立せしめる、絶望の意味である。絶望は、道のない道を行く抵抗において現れ、抵抗は絶望の抵抗としてあらわれる。それは状態としてみれば絶望であり、運動としてみれば、抵抗である[20)]。

竹内好の考えた魯迅は、このような抵抗者である。ドレイは自己を確立するために、主人という外的な権威を自己に移行させる方法をとるしかない。この移行の過程においては、外的な「主人」と内的な「主人」は、両方とも滅ぼさなければならない。そうすれば、「ドレイ」というものは竹内好のいう「絶望」の状態に落ち込む。しかし、絶望から自己を再確立する可能性が生まれる。

この確立する過程においては、「自己」というもの本来の持つ性質を頼りにするしかない。「絶望」から「希望」が生まれる原理は、伝統の徹底的な再確立である。魯迅はドレイ意識の構造をはっきり意識しているため、魯迅においての抵抗は、内外両方を否定する徹底的な抵抗であり、「希望」が生まれる抵抗である。

自己という権威を確立するため、現存のすべての権威を否定しなければならない。ドレイたるものは自分が「ドレイ」だと承認すると、現在の権威を認めることになる。現在の権威を認めると、抵抗はその権威を倒すことしか指向しない。同時に、この指向が必然的にもたらす結果は、本来の自己を放棄することである[21)]。そこで生まれた抵抗も、一次抵抗に過ぎない。これに反して、「敗北」を認めないことは、現在の権威を認めないことである。そこで、抵抗は一種の継続の状態に入る。現在の権威（たとえば、ヨーロッパの理性）が存在する限り、抵抗は止まらない。同時に、「希望」が不断にあらわれることになる。

現実の「希望」は革命の希望であろう。魯迅のような抵抗者が生まれる国は、中国である。竹内好は魯迅が後進国型の人間であると認めた。中国の革命と日本の革命を比較すれば、この抵抗の内容の違いははっきり見えてくる。竹内好はこの文章で辛亥革命と明治維新を取り上げて比較した。

> それは辛亥革命と明治維新の比較によってもわかる。明治維新は、たしかに革命であった。しかし同時に反革命でもあった。明治十年の革命の決定的な勝利は、反革命の方向での勝利であった。その勝利を内部から否定してゆく革命の力は、日本では非常に弱かった。弱かったのは、力の絶対量において弱かったよりも、革命勢力そのものが反革命の方向に利用されていくような構造的な弱さであった。（傍点引用者）（ノーマン『日本における兵士と農民』参照）。辛亥革命も、革命＝反革命という革命の性質は同じだ。しかしこれは革命の方向に発展する革命である。内部から否定する力がたえずわき出る革命である。孫文には革命がいつも「失敗」と観念されている。辛亥革命の生み出した軍閥政治（それは一種の植民地的な絶対王政だ）を否定しさらに革命党そのものの官僚化を否定する方向に進展する革命である。つまり生産的な革命であり、したがって真の革命である。

明治維新は成功したが、辛亥革命は「失敗」した。失敗したのは、

> それが「革命」であったからだ。明治維新の成功を失敗と見て、やりなおそうと試みる動きが絶対にないわけではなかったが、いつも革命の指導者によってつぶされた。つぶされなければ利用された[22]。

辛亥革命は反革命に転覆された。反革命は革命自身の極限に示した同時に、さらに革命が進行する可能性をもたらした。竹内好はこの革命を生産的であると判断し、これに対して、明治維新は生産的にならなかったことを指摘した。理論的に言うと、明治維新の勝利は、現実的な権威を承認する勝利である。しかし、明治維新の認めた権威は何であろうか、そして、「弱かった」反革命の勢力とは何であろうか。この文章では必ずしも明らかにされていない。

## 6．近代化論の問題性

この文章で特に注目したい二つの問題がある。第三の眼を否定し、東西の衝突運動を主観的な態度で観察する立場が現れていることである。

> もし、ヨオロッパでも東洋でもない第三の目を仮定したら、ヨオロッパの一歩前進と東洋の一歩後退（それは元来が表と裏の関係にある）が、一つの現象として眺められるだろう…そもそもこのような第三の観察点を仮定するということが、ヨオロッパ的な思惟形式である[23]。

彼は主観的に近代化過程を再現し、その中に自分を入れようとした。彼は、第三者の目という客観的な態度をヨーロッパ的なものとして拒否した。支那学者との論争以来、客観性を求める合理主義的な方法を否定する態度を一貫してとってきたことが分かる。

竹内好のこの理論は完成していない。彼は魯迅から抵抗という実像を得たが、その実像を解剖することにまでは至らなかった。というのは、この時点で彼は抵抗の理論的探究を拒否したからである。

> しかし、そうはいっても、抵抗とは何かという問題は、私にはわかっていない。抵抗の意味をつきつめて考えていくことが、私にはできない。私は哲学的思索に慣れていない。そんなものは抵抗でも何でもない、といわれればそれまでである。私はただ、自分がそれにおいてあるものを感じているだけで、それを取り出して、理論的に組み立てることはできない。できないというのは、私が無力だからで、不可能ということではない。そもそも不可能かどうかも私にはわかっていない。（傍点引用者）それは究極には可能であろうと思う。可能かどうか、やってみなければわからぬので、私が追及の努力を放棄せぬかぎりにおいて、それは可能というほかない。…私にとって、すべてのものを取り出しうるという合理主義の信念がおそろしいのである。合理主義の信念というより、その信念を成り立たせている合理主義の背後にある非合理的な意志の圧力がおそろしいのである。そしてそれは、私にヨオロッパ的なものに見える[24)]。

生涯にわたって、竹内好は直接理論を組み立てることによって、戦後日本思想の建設に関わったことはなかった。整理を加えない限り、理論としてみなされてきた「近代とは何か」も、混沌に見える。近代化の型論も、不完全に終わっているし、竹内好は意図的に理論を補完しようとしなかった。それより、竹内好にとって、すべてを合理的に解釈できるという「ヨーロッパ的な非合理性」に抵抗するためには、理論以外の要素を取り入れることは、必要とされている。筆者は、この要素は「心情」であると考える。彼の求めた抵抗は、アジア、特に中国から抽出したものにほかならない。同時に、「近代とは何か」のもっとも利用されやすい部分は、竹内好が繰り返して強調した「ヨーロッパ対アジア」という図式であるので、竹内好に対する多くの「誤解」もこの図式の中で誕生する。次章では、「近代とは何か」という竹内好の独自の近代化論を読解する仕方について、検討していく。

# 第三章　近代化理論の解読

## 1．近代主義者の意味

1946年の復員、1949年中華人民共和国の成立までの三年間に、「近代とは何か」以外に、竹内好が書いた重要な文章は二篇ある。それは、「指導者意識について　——「魯迅と日本文学」のうち」(1948年10月)と「中国人の抗戦意識と日本人の道徳意識」(1949年5月) である。

「指導者意識について」で、竹内好は、民主主義を強力に普及させ、民衆を「悪」から防衛するという日本的指導者の考え方を批判し、民主主義を民衆に押し付けるやり方は、いわゆる日本のファシズム強権と同質であると考え、代わりに民衆のなかで成長する自立願望や抵抗意識を重視すべきと主張した。

> なるほど、民衆は東条にだまされるほどバカだった。しかし、そのだまされたお蔭で、東条に代った「民主主義」の指部者をうかつに信用しないくらいにはバカでなくなった。まただまされるのではないかを疑ってかかるだけ賢くなった。その賢くなったのが、指導者の口には、逆に「東条調のむしかえし」に見えるらしい。だまされるのにこりたから疑っているのに、今度はその疑うのが悪いといってバカ者あつかいされたのでは、民衆の気持はたまらない。結局、指導者はすべて悪だということになっていくだろう。私はそうなると思う。そしてそれが真の民衆の覚醒だと思う。じつは民衆は、指導者たちほど東条を無条件に信用したわけではなかった。民衆の非協力は東条さえ知っていた。その抵抗が成長した今日の「民主主義」への不信を、抵抗の契機においてつかまずに、東条に屈服した

権威主義の面から「民主主義」を押しつけるやり方で抵抗を殺そうとしても、それは東条の失敗をくりかえすだけだろう[1)]。

これに対して、「中国人の抗戦意識と日本人の道徳意識」で、彼は、日本の国民は中国人の抗戦意識を理解せずに、侵略戦争を実感として感じていないことを指摘し、戦争に対する日本人国民の道徳責任を告発した。

中国人の抗戦意識が、現在でもまだ一般の日本人にわかっていないからである。それがわからぬことは、戦争の性質がわからぬことである。それがわからなければ、それから抜け出ることはできない。侵略戦争というコトバを口にする人が、その侵略戦争を実感として感じていない。口にすることの多い人ほど感じていないように見える。戦争は、少数の軍人や、金融独占資本の意志だけで起ったのではない。戦争の究極の原因が資本の矛盾にあることを私は否定しえないと思うが、それがあらわれるのは、国民的規模においてあらわれるのである。したがって、戦争は、一面においては、国民の一人一人にかかわる問題を含んでいる。つまり、政治の問題であるとともに道徳の問題である[2)]。

1990年代、竹内好の伝記を書いた鶴見俊輔は、この三篇の文章を取り出して、この時期から竹内好は三つの概念を手がかりにして日本の文化に対する見方を築き上げたと述べている。

「指導者意識について」「中国人の抗戦意識と日本人道徳意識」「中国の近代と日本の近代」の三篇は、日本文化の見方として、指導者、国民、近代の三つの概念を手がかりにする。

日本の通念としては、国家の内部に暮らしている人々を国民というので、まず国家があるのだが、竹内の考え方では、まず、国民があって国家を作り、たえず国家をつくりなおしてゆく。国家は国民の声を聞いて、自分をつくりなおすはずのものだ。政党は、もちろん国民の要求にこたえて国家をつくりなおす任務をになうもので、ただ国民に命令をするのでは困る。戦後の共産党文化部に、そういういばりかたがあるのは困ったことだ。

指導者が、国民からはなれてそだてられる。このために指導者が効率あるものになっているのはたしかだが、それはまっとうではない。効率が悪くとも、国民のさまざまな意見にもまれて、常に交流をたもつ指導者のありかたが大切だ。こういう理想に照らして見ると、戦後日本知識人をとらえている大きな潮流は、近代主義である。(中略)

日本民族特有の使命をかざして大東亜戦争につきいった国家の決断を支持した国民。日本国民が指導者にだまされたのではなく、自らの決意を持って総力戦に入っていったことを、竹内は自分個人の実感を持ってここにうらがきする[3)]。それは竹内個人の失敗であり、日本国民の失敗である。小さな兵力をひきいて日本にのりこんできたマッカーサー元帥が軍事上の都合によって、日本国民に責任はない、指導者だけに責任があると言い、共産主義者、社会主義者、自由主義者、進歩的知識人がその判断を受け入れるとしても、それは竹内好には受け入れにくかった。彼は決して受け入れない。自らの責任と、自分の戦後をもって取り組みたいと望む。

（竹内は）近代主義のねうちを認めているし、近代主義者の中に優れたものとそうでない者の区別があることにも敏感であった。近代主義を敵にまわす立場をとることを自らに課するとともに…混戦の中で、自分がどちらにつくか分からない、とまでいっている[4)]。(傍点引用者)

竹内好は自ら「自分がどちらにつくかわからない」というが、鶴見俊輔の考えでは、竹内好は近代主義を自覚していないとはいえ、もっとも本質的に近代主義に近い。彼は、竹内好の問題意識の中に「指導者」、「国民」、「近代」という三つの要素があると指摘したが、この指摘の内容は竹内好と一致していない。

竹内好は、「指導者意識について」の中で、指導者意識と最も関連する考え方は「進歩主義」だと指摘し、指導者が常に国民を引張る位置に自分自身を置くことに対して批判を行っている。これは鶴見のいう「国民と指導者の交流の大切さ」を主張しようとするものではないことは明らかである。また、国民の道徳責任に関して竹内好は、東京裁判の有罪判決に無抵抗に従い、戦争責任を内在化しない国民意識を憂え、中国人の抗戦意識の道徳性の高さを問いながら、国民的な「転向」を警戒している。「自らの決意に対して自ら反省する」という鶴見の見解は、竹内好の真髄に達していない。本章最初に「指導者意識について」を引用した部分で示したように、竹内好が重視するものは、戦争に入っていく決意ではなく、戦時体制に対する反抗意識であろう。更に、「総力戦」に入る決意の中身を腑分ける必要性も鶴見が見逃した[5)]。

鶴見俊輔は、「まず、国民があって国家を作り、たえず国家をつくりなおしてゆく」、「国家は国民の声を聞いて、自分をつくりなおすはずのものだ」と、竹内好の考えをまとめたが、これは一般的に考えると近代主義者による「国民国家」の理想にすぎないだろう。本書で分析してきたように、竹内好の近代化理論の中では、日本におけるこの三つの要素は「転向型」近代化の産物である。近代主義者が国民国家の誕生に際して、常に「国民」と「指導者」の関連性を考える発想とは違い、竹内好にとって「国民」「指導者」「近代」は一つの問題の集合であり、その根本には、日本独特の「近代」の成り行きがあった。竹内はそれを潰そうとした。

## 2．方法化された竹内好

ここで特に注目すべきなのは、不断の抵抗による肯定の成立である。竹内好は、中国革命の流れに現れた革命の生産性（革命が否定され、さらなる革命の原動力になる）に注目し、それを日本で再発見するため、自ら日本の近代を否定する方法をとった。彼の思考方法は、「疑いを疑う」ことだと、鶴見俊輔は述べた。

> 「真理と英知についての荀子の説[6]に私は賛成である。否定の方向からでも真理に到達できると思い込まなければ、私にはとても学問研究はやれないし、究極の目標として沈黙を設定するのでなければ、言論活動など出来るものではない。私のこの癖は死ぬまで改まらぬだろう」と書いた。竹内好の思考の方法の特色をみずからとらえた文章である。
>
> （中略）自分を状況の外に置くことなく考えていく方法を持つ人は、このように疑いを疑うことをやめず、だまって事に当たる姿勢をもつであろう[7]。

鶴見俊輔が提示した竹内好の思考方法は、実に近年の竹内好研究のなかで、重視されてきている。自己の中にある認識の対象である［近代］と向かいあう竹内好は、中国という比較の対象を理想とするのではなく、あくまで自己認識の媒介である。この認識を踏まえたうえ、孫歌は、状況と向き合う竹内好を描き、さらにそのような竹内好の思考方法を高く評価している。

> 竹内は自身の研究対象である「中国」に入っていき、全身全霊でそれを体験し、感受し、理解しようとした。と同時に、不断に研究対象の中から「自己を選び出し」、自身が中国化されることも、中国を抽象化したり記号化したりすることも拒否したのであった。こ

> の絶え間なき「往還」の中で、竹内は中国と日本という枠組みを打破し、彼独自の認識方法を築き上げていったのである[8)]。

孫歌の竹内好理解は、竹内好研究において大きな影響をもっている。しかし、筆者は「竹内は自身の研究対象である「中国」に入っていき、全身全霊でそれを体験し、感受し、理解しようとした」と称賛された竹内好像に些か違和感を覚える。「方法としての竹内好」を発見した孫歌は、おそらくここで竹内好の中国観そのものについて十分には考慮していない[9)]。竹内は中国に抵抗の理想を求め、思想史に踏み込むことについて、こう語っている。

> 私は中国のほうからこの仮説を導き出したのである。だから、その証明のためには、ぜひとも日本の方から、日本思想史の内在的な法則を追求することによって、仮説の出発点である同一地点へたどりつかなければならない。それができれば命題の真が証明されたわけだし、できなければ改めて考え直さなければならない[10)]。

「近代とは何か」は、魯迅を手掛かりに「二つの近代化の型」論を提起したものであり、竹内好を解読するには、「近代とは何か」で立上げた理論はひとつ重要な鍵である。「日本思想史の内在的な法則を追求すること」は、事実上、日本のナショナリズムやアジア主義をめぐる研究を指しているだろう。竹内好のこういった研究は、1950年代から始まったと考えられるが、現在竹内好研究の一般認識として、この理論は、彼のアジア主義研究を可能にしたという。たとえば、この可能性について、丸川哲史は以下のように解釈を提示した。

> 竹内の歴史に対する見方は、たとえば彼の「日本のアジア主義」（初期アジア主義者）に対する評価に顕著なように、歴史を固定的

> な所与の実体としてとらえず、更新され得る書き換え可能な構築物として見なすものであった。しかしそれは、歴史の発展を司る主体（ヨーロッパ）のポジションにおいてではない。歴史の発展の主体になれない、あるいはなりようのない場――それは歴史が一直線ではなく曲がりくねって立ち現れる場においてである[11]。

戦後日本において、かつて右翼イデオロギーに独占され、現在進歩的知識人にタブー視されるアジア主義を持ち出すことは、「近代の超克」を再発見することと同じく、「火中の栗を拾う」[12]といわれるように、状況と対決する竹内好の態度を示している。これは、竹内好が歴史を考える「方法論」だと思われるが、「方法として」竹内好を抽象するならば、この認識は決して間違っているといえない。しかし、竹内好の思索を一つの歴史としてとらえようとするとき、「近代とは何か」と「日本のアジア主義」の間に、飛び越えられない障壁があることは、多くの論者に見逃されている。この障壁の存在を示してくれるのは、中国研究者による竹内好批判にある。

## 3．中国研究者による批判

竹内好の死後まもなく、中国研究の立場から、「竹内好を乗り越えよう」とする動きが現れた。たとえば、溝口雄三に代表されるような中国研究者は、竹内好の主観的な「中国観」に容赦なく批判の声をあげた。

> が同時に「中国の近代」との関係におけるそのような自己否定的な憧憬構造が、わたくしたちの反脱亜的・反近代主義的な、またはアジア主義的な主体を、主観的な、したがって脆弱なものにしていたこともまた否めない。わたくしたちは中国の近代を歴史的に客観化しえておらず、そしてそれは日本の近代を歴史的に客観しえていなかったことと裏腹であった。その傾向に、よりどころとされたの

が竹内氏の前掲の「中国の近代と日本の近代」なのである[13)]。

1980年、中国では文革大革命が終焉し、中国の実情がそのままに日本に伝わってくる転機が訪れた。一方、ひたすら経済発展の道を辿りつづけた中国に対し、竹内好のように中国を「永遠の革命」のモデルとみなす視点は、むしろ時代錯誤的であると見られるようになってきた。溝口は「健全である」中国像と「何物でもない」日本像を中心に、竹内好批判を行った。

> 「東洋は抵抗を持続することによって、ヨオロッパ的なものに媒介されながら、それを超えた非ヨオロッパ的なものを生み出しつつあるように見える」といわれる東洋とは、だから氏にとって中国でしかなく、これに対する日本は、抵抗がないことにおいて東洋的でもなく、自己保持の欲求がないことにおいてヨーロッパ的でもない、「つまり日本は何物でもない」とさえいわれたのである。
>
> （中略）とりわけ、「東洋」の目から見るかぎり、「何物でもない」日本に対して、「ヨオロッパを超えて社会主義を目指して革命を進行させつつある」状況の中で、それがそのまま現実の新中国の実像であるとしてア・プリオリにわたくしたちの間に受け入れられた。つまりわたくしたちの戦後の中国観・中国認識には、多かれ少なかれ、このア・プリオリな中国像が観念的に先行しており、このア・プリオリな観念の先行が、一部ではさらに社会主義中国、AA（アジア・アフリカ）連帯的中国に対する新たな自己否定的（資本主義日本、対米従属的日本を否定するという形での）憧憬構造を再生産した。
>
> しかし、ことさらに言うまでもないことが、一般的にいって、自己の歴史を全否定もしくは全肯定する者、すなわち自己を相対的に見ることができない者の眼によって、他者が客観的・相対的にとら

えられるものではない[14]。

竹内好を「方法化」する孫歌と違い、溝口の場合は、「ア・プリオリな中国像」に強烈な違和感を示した。ここで、竹内好に対する批判の的は、観念化した中国観と全否定された日本観である。

まず、溝口は竹内好のアジア論に現れた中国観を憧憬構造だと認識し、その憧憬の対象はヨーロッパを超えた社会主義中国と指摘した。そもそも溝口は、竹内好が「ヨーロッパ＝前進」という前提を設定したことについて、異議を唱え、それは、ヨーロッパ側の一元的視点がアジアの中に侵蝕してきたことを示していると述べた。竹内はこのような一元的視点から、中国が「何か」をもってヨーロッパを超えると考えていた、というのが溝口の指摘である。この「何か」は何であるかということについては、竹内好研究の中では、まだ明らかな結論は出ていない[15]。

本書第二章の分析に基づいて考えると、竹内好はたしかに「ヨーロッパ＝前進」という前提を設定したが、彼のアジア論の構成は、この前進性を中国から導き出すのではなく、「前進・後進」という構図を否定しようとした。竹内好の中国に対する肯定の態度は「社会主義の先進性」とつがならない。日本に比しての中国の先進性は、アジア的価値とみなされるものにあり、何よりも、ヨーロッパの拡張に対して抵抗し、「前進・後進」の構図を破壊することにある。溝口は「社会主義を目指して革命を進行させつつある」という、状況について判断したとき、自身の社会主義に対する肯定的な価値判断を無意識に入れてしまったように考えられる。つまり、溝口は竹内から客観性の足りない中国観を継承した[16] というより、溝口自身の竹内好の受け取り方に客観性が足りないと言えるだろう。

第二は、全肯定と全否定の問題である。「つまり日本は何物でもない」という竹内好の表現はたしかに極端であり、日本の歴史を否定するような発言としてとらえられることは十分ありうる。このようなとらえ方をする溝口は日本と中国にはそれぞれの歴史の歩みがあり、近代をもっと長い歴史の流れの中に見るべきだという主張している。

> 中国の近代がこのようにその全近代を否応なくその母体とし、だからその母斑の刻印をまぬかれえていないと同じく、実は日本の近代もそのわたくしの日本的独自性からその一端がうかがえるように、やはりそれ自体の全近代を母体にすることによってそれなりの母斑をもつということ、つまり両者はそれぞれ歴史的に独自な近代をもつものであり、だから、前者の近代のみを「東洋」的とし、後者のそれを「何物でもない」西欧追随型とするのは、歴史的に正確な見かたとはいえない、ということである[17)]。

歴史的に中国と日本の近代化の独自性を主張するとき、溝口は「客観性」を極めて重視している。竹内好は主観的に近代化過程を再現し、その中に自分を入れようとしたが、彼は、第三者の目という客観的な態度をヨーロッパ的なものとして拒否したがゆえに[18)]、客観的歴史としての近代を探るとき、竹内好の「近代の型」理論は、有効ではないと言わざるを得ない。むしろ、歴史的に見れば、今日、経済発展の前進を目指して全力疾走する中国の姿は、われわれに竹内好の理想との間の不調和を感じさせてしまう[19)]。

同様な竹内好批判は、日本思想史研究側からも示されている。子安宣邦は以下のような見解を示した。

> 「世界史的立場」の哲学者たちは反ヨーロッパ近代という地政学的な認識の図式の中のアジアに、日本をその指導者として滑り込ませることによって近代国家日本を免罪した。彼らにとって日本はすでに新たな、ポストモダーンの世界秩序の構築者としての使命を担うものであった。竹内はそれに反して、反ヨーロッパ近代としての

> アジアの資格を日本から剥奪する。日本がアジアでないとは、竹内が上にいうように、抵抗する自己を失っているからである。自己のない日本はアジアではなく、さりとてヨーロッパでもない。したがって日本は「何物でもない」と竹内は断罪する[20)]。

近代以前から中国と異なる母斑を持つ日本、あるいは、すでに構造的にアジアではないと判断された日本から、アジア主義だけを取り出しうるのか。竹内好が「近代とは何か」で日本に対する批判をすべて堅持し続けていたとしたら、いかに彼の思索を方法化しても、日本のアジア主義の伝統を取り扱う可能性は見えてこないだろう。

この点を見失うと、ただ竹内好の「ヨーロッパ対アジア」の構図のみを運用し、「アジアが帝国主義のもと抑圧され、支配されている」状況のもとに、「ここをアジアの民は連帯し、打破しなければならない」というふうに「アジア主義」の正義性を説明する考え方が生じてしまう。

仮説として「近代とは何か」と「日本のアジア主義」の間には、竹内好の思想に何らかの変化をもたらした契機があるのではないか。実は、溝口の議論の中にはすでに一つのヒントが提示されている。すなわち、「AA 連帯」の旋律が日本の思想界で響いた時代、竹内好はこの連帯をどう理解していたのかが問題となる。次章では、この仮説を踏まえて、時代状況を 1950 年代に還元しながら、竹内好のアジア論を読み直してみたい。

# 第四章　アジア主義研究の出発

## 1．手がかりとしてのノーマン

ハーバート・ノーマン（Herbert Norman,1909-1957）はカナダの外交官であり、同時に歴史学者である。『日本における近代国家の成立』(1940)、『日本の兵士と農民』(1943）などの著書を残し、「進歩的」立場から戦争直後いち早く日本の歴史を分析した。本稿で特に注目したいのは、竹内好は多くの文章の中で『日本の兵士と農民』を引用し、ノーマンから大きな影響を受けたことである[1]。「近代とは何か」の中に、竹内は魯迅の「ドレイ論」を引用しながら、ノーマンの日本人の奴隷性に対する批判を取り上げた。

> 「みずからは徴兵軍隊に召集されて不自由な主体（エイジェント）である一般日本人は、みずから意識せずして他国民に対する奴隷の足枷を打附つける代行人（エイジェント）となった」と書いたあとで、ノーマンはこう附け加えている。
>
> 「他人を奴隷化するために純粋に自由な人間を使用することは不可能である。反対に、最も残忍で無恥な奴隷は、他人の自由のもっとも無慈悲かつ有力な掠奪者となる。」(白日書院版一一四頁)[2]

この論文が発表された1948年に、竹内好は戦場から戻り、多くの日本人と同じように貧乏な生活を送っていた。残虐な戦争を経験し、深い反省をしていたことに間違いない。彼は「日本は何物でもない」と日本を分析したとき、反語的に日本に対する捨てがたい愛着をも示した。竹内好は、外国人であるノーマンは日本を極限に愛している、と文章の中に書いたノーマンに同感したことは容易にわかるだろう。

ノーマンに対する返答を、当時の竹内好は直接ししたわけではなかった。ただ、その答えは魯迅にあると竹内は書いている。つまり、「ドレイであることを意識し、同時にドレイであることを拒否する」、いわゆる「回心型」の文化である。しかし、この型の文化は魯迅にあり、魯迅が代表する中国にあるが、日本にはなかった。文学者の視点で日本の文化構造を批判したが、文学者の視点で解決策を持ち出すことは、決して簡単にはできるわけではない。しかし、日本文化を批判し、日本人の歴史に対する自己反省を喚起する竹内好と違い、ノーマンは解決策を出した。

> 本書の結論に当たる部分で私は、日本人民が明治維新およびその後の最も大切な時代に、民主主義的で平和的な国民の創生に不可欠の前提である封建主義・専制主義諸勢力の打倒を、幾多の複雑な理由のために独力ではなしえなかったということを敢えて指摘し、同時に、これを打倒するために日本人民は、民主主義的で平和を愛好する他の諸国民の援助をうけねばならぬであろうということを暗示しておいた。1945 年 8 月 15 日降伏以来つぎつぎに起こった諸事件は、幸いにしてこの予言を確認した。それというのは、連合国の軍事的勝利の結果、ながく実施の運びに至らなかった諸改革が、ついに実施されたからである[3)]。

ノーマンがこの序文を書いたのは 1947 年 7 月 30 日である。これは、『日本の兵士と農民』の日本訳のために書いたものであり、最初刊行した訳本には収録されなかった。竹内は 1947 年 11 月 15 日に東洋文化研究所主催の公開講座で近代について講演し、この講演原稿はのちの「近代とは何か」となる。戦後、連合国軍の占領を解放として受け止めるのは、当時の共産党に代表される一部の知識人の幻想だったといえるだろうが、ノーマンにとってそれは決して幻想ではない。戦後の知識人、たとえばノーマンの親友たる丸山真男は、この輸入された解放を自分自身のものに消化するよう努力した。彼らと違って、竹内好は、外来の改革を内在化するだけでは満足できなかった。日本の革命には日本の歴史を再評価する基準が必要となると彼は考えた。

> 福沢諭吉をはじめとして、明治の思想家たちに関する研究書はたくさん出ている。それらはいずれも遺産として活用すべきものである。しかし、それを活用するためにも、今日の革命の立場での評価の基準が必要である。その基準は天から降ってくるのではなく、やはりわれわれ自身の研究を通じて打ち立てられるべきものであることは疑いない[4)]。

この文章を読むと、これはノーマンに対する反論だと感じるかもしれない。しかし、竹内好は前に引用したノーマンの序文を知らなかったからだろうか、ノーマンが隠岐の島の農民一揆を発見し、それを反革命に抑えられた革命として提示したことに関して、日本人の研究者は伝統から革命の理論を掘り出すべきだと主張している。1954年から、「近代とは何か」の問題意識のもとで、竹内は思想史の領域に踏み込んだ。「自己認識を欠いて、日本の進み方だけが唯一だと考えていたところに、日本の悲劇の原因があったのではないか、したがって、今後の生き方を決定する上に、まずこの自己認識が必要ではないか、ということである」[5)]と彼は決意を示した。

1963年、『アジア主義』を編集し、「日本のアジア主義」を発表した際、竹内好はアジア主義を研究の対象として取り上げた理由について、こう書いた。

> おくれて出発した日本の資本主義が内部欠陥を対外進出によって

カヴァする型をくり返すことによって、1945年まで来たことは事実である。これは根本は人民の弱さに基づくが、この型を成立させない契機を歴史上に発見できるか、というところに今日におけるアジア主義の最大の問題がかかっているだろう。戦後になって突如としてアジアのナショナリズムという新しい問題が投入されるが（飯塚浩二「アジアのナショナリズム」参照）、これが過去のアジア主義と切れて、天心なり滔天なり内田なり大川なりと無関係に論じられることに、そもそも問題があるわけだ[6)]。

竹内はこの論文で、玄洋社の歴史を分析し、日本のアジア主義は最初から対外膨張の傾向を含んだと論じた後に、侵略の罪をすべて玄洋社に負わせるノーマンに対して反論した。

日本の学界でほとんど問題にされない右翼、とくに玄洋社を分析対象に取り上げたのは、ノーマンの慧眼であろうし、総括的評価としては、ほぼ妥当だろう。しかし、ノーマンはある意味で玄洋社を過重評価しているように私には思われる。日本の対外膨張を、すべて玄洋社の功（または罪）に帰するのは、行きすぎである[7)]。

また、西郷隆盛を革命とみるか、反革命とみるかについて、アジア主義者の観点に接近しながら、以下の論点を提出した。

ノーマンの西郷に対する評価は冷たい。これはノーマンにかぎらず、日本の進歩史家にも共通である。これに反して右翼が、西郷というシンボルを貴重視し、時に絶対化するのは、すでに見たごとくである。

…

西郷を反革命とみるか、永久革命のシンボルと見るかは、容易に片づかぬ議論のある問題だろう。しかし、この問題と相関的でなくてはアジア主義は定義しがたい。ということは、逆にアジア主義を媒介にしてこの問題に接近することもまた可能だということである。われわれの思想的位置を、私はこのように考える[8)]。

ノーマンとの反対の意見が見られるのは、ここである。革命のためにも関わらず、伝統を重視する考えにおいては、竹内好はノーマンと一致している。しかし、伝統のある可能性を全く否定し、まさに外来の革命を、ことにアメリカからの革命を受け入れるのは必然かつ必要であるということは、竹内好の意見ではない。彼にとって革命とは、歴史に対する反動を引き起こすことによって作られたものではない（この場合、歴史は一つの停滞した固定物になってしまうが）。歴史の中に潜んだ可能性を引き出し、現在につなげようとする方法が、彼のいう革命の理論であろう。日本文化に対する全否定から伝統にわけ入る努力に至るには、何かの契機が必要となる。この「契機」を解明するために、もう一人の人物を取り上げたい。

## 2．北一輝の問題

北一輝は、重要なアジア主義者であり、右翼の重鎮の一人であることに、説明を重ねる必要はなかろう。しかし不思議なことに、竹内好は『アジア主義』を編纂したとき、北一輝を外した。然るに、「これは『アジア主義』の「色取り」だ」と言い残して、北を中心的に取り上げる唯一の論文「北一輝」を評論集に収めた。この論文の中では、「理論創造の能力において北に匹敵するものは、ほとんど一人もいないのである」[9)]と北一輝を高く評価したにもかかわらず、「日本のアジア主義」の中では、北一輝の時代においてアジア主義の心情は思想に昇華しなかったと述べている。

このような北一輝の扱い方は、後世の北一輝研究者により反論されることになった。たとえば、岡本幸治はこう論じた。

> 竹内好は、北のアジア主義を帝国主義の新しいタイプだと指摘したあと、「この時期のアジア主義は心情と論理が分裂している。あるいは、論理が一方的に侵略の論理に身をまかせてしまった、黒竜会イデオロギィの最悪の部分だけが残った」と述べ、「〔アジア主義の〕心情は思想に昇華しなかった」と批判するが、この評はかなりピントがずれている。北の著書の論理構造をきちんと理解しておれば、その内容に賛成するにせよ反対するにせよ、アジア主義の心情が一つの思想に昇華していることは否定できないであろう。竹内は戦後の日本で、アジアとくに中国を最もよく知る思想家、評論家として、ある時期盛んに持て囃された。アジア主義に関する論文の類も少なくないが、彼にしてこの程度の認識しか持ち合わせなかったということは、戦後日本のアジア認識に重大な歪みないし欠落があったことを示すものである、といえよう[10)]。

これは鋭い批判である。しかし、岡本は、竹内好が北一輝において「アジア主義の心情が一つの思想に昇華していなかった」と結論づけたことの意味を正確に理解していないといえよう。竹内好が北一輝の思想を認めている。もしそうであれば、「理論創造の能力が高い」という彼の北一輝に対する評価もなかった。竹内好の問題関心は北一輝の理論家としての地位ではなく、アジア主義というカテゴリーの中で、北の理論によってアジア主義を侵略の方向から救いうるかどうかという問題である。いったい、北のアジア主義理論は、竹内好が期待した「心情的」アジア主義理論と、どうのように違うのであろうか。

はっきりした答えはこの二つの論文の中にはなかったが、1972年、福岡でアメリカ人研究者ジョージ・ウィルソンが北一輝の『支那革命外史』について研究を報告し、これをめぐって、竹内好、橋川文三など研究者が参加した座談会で[11)]、すでに評論界から身を引いていた竹内好は、北一輝に対する考え方をこう振りかえった。

北について若い頃、中国の研究を始めましたときに読みました。私は北の「支那革命外史」という本は、大変好きです。今でも好きですが、しかしその解釈が少し変わってまいりました[12)]。

それでは、何が変わったか。長い引用になるが、以下のことである。

孫文の思想に対する理解がなかったと言えると思うんです。そのひとつは、革命の長期性に対する見方がなかった。…もう一つは革命は輸出できない、この思想は中国の革命運動の中でかなり早くでていると思います。革命が輸出できないということは、同時に革命は輸入できないということなんです。少なくとも、中国革命ではその思想は早くでております。ところが北の場合は、明治維新で裏切られたその怨恨に対する代償行為として、彼は中国革命に賭けたという一面があります。ですから、いきなり中国革命が起きれば、それがまた日本に波及して日本の中で、改革の動きがでてくる。自分のやる役割がでてくるという、非常に性急な期待をもったと思います。これが間違っておると思うんです。少なくとも、孫文で代表される中国革命史の思想からというと、この考えは間違っている。自分の力は自分の中で掘り出してくるもの以外にない、というのが中国革命の思想である。ですから、あの時日本人が考えるほど中国側は、そういうものをあまり問題にしていなかったんじゃないだろうか、それゆえに、北はまた、中国革命からも裏切られたという気持ちを持つにいたった。それで、彼は「国家改造法案」を生み出したんじゃないだろうかという気がするんです。彼は、第１革命第２革命の事件で中国革命の本質、中国革命の思想の根本を見誤ったんではないかと思います。それは当然引き続いて、ナショナリズムの型の違いという問題につながってくると思います。私が申し上げたことは、今の考え、戦後の考えでそういうこと（ママ）言っ（ママ）ているのでして、当時、私がそういう批判を北にもっていたのではありません。私はわからなかったのです。戦後、初めてアジア・アフリカのナショナリズムというものがでてきて、初めてそれがわかった。わかったために、それを歴史の解釈に当てはめたら、こういうふうになるということを、申し上げているだけなんです。当時は、日本中のコミンテルンの系統の反戦運動はありました。また侵略反対運動はありましたが、全く有効ではないんです。それならば北だって有効でない点は五十歩、百歩です。むしろ北のほうが利用すべきものがある。コミンテルンの教条を持ち込んだ日本のサークルの中から、今聞き出してくるものは極端にいえば何にもないわけです。それよりは北の方が比較的にいい、そういうふうに歴史的な評価をするわけなんです[13]。(傍点引用者)

竹内のこの発言を整理すれば、以下の三つの論点を取り出しうると思う。(1) 竹内好は北一輝の革命思想が「性急」だと指摘し、中国の革命と日本の革命を強引に結びつける方法に対して否定的な態度を示した。(2) 北に対する批判は、戦前からあったものではなく、1950 年代のアジア・アフリカのナショナリズムの出現を契機にして形成されたものである。(3) 侵略反対運動において、北一輝の革命論と共産主義者の反戦運動は同様に有効ではないが、教条主義的共産主義者より、北一輝の方から掘り出すべきものがある。

中国革命同盟会に加入し、宋教仁の顧問を務め、宮崎滔天などと同様に中国革命に尽力した北一輝の思想には、アジアのナショナリズム[14]に共通するものがあることは否定できない。北は、「日本改造法案大綱」の中に、「此ノ国際間ニ於ケル民族ノ老幼ヲモ圧迫シ虐遇セザルベキ人道主義ガ則チ民族主義ノ終局理想タルベキ者ナリ」[15] とナショナリズムの理想に対する理解を示した。これと呼応するように、1950 年代においてアジアのナショナリズムの価値は以下のように説明された。

> 国家の安全保障、経済発展という二つの課題がナショナリズムを基礎として追及されたことが、ネルー外交の思想的基盤をつくった。この場合ナショナリズムとは国家の独立の維持・強化という意味である。国家の独立、すなわち国家ナショナリズム（state-nationalism）をともなわない場合、あるいは国家ナショナリズムより対外的脅威が大きい場合には、安全保障、経済発展は往々にして他国からの援助に依存しがちである[16]。

北一輝が望んだ民族主義は、国際間の平等を維持する思想である。これに対して、アジアのナショナリズムはアジアの新興独立国家の安全と発展を保障する思想だと受け入れられている。この理解では、アジアのナショナリズムは、北一輝がいった理想的な民主主義を実現したものであろう。にもかかわらず、竹内の意見として、「アジアのナショナリズム」の出現は、逆に北一輝を批判しうる要素になるのは、なぜだろうか。

岡本幸治の研究によると、北一輝は内村鑑三に大きく影響された。日露戦争の是非をめぐって、1903年の論壇では論戦が行われ、当時21歳の北一輝は内村鑑三の大議論に感銘を受けたという。

> このような世界史的ないし文明論的な視点を北はどこから学んだのであろうか。内村鑑三の影響が大きく直接的である。内村は日清戦争に際して、ギリシャ対ペルシャ、英国対スペインなどの戦争に見られるごとく、「新文明を代表する小国が旧文明を代表する大国」と衝突した事例と「同一の教訓」が、「世界絶東の地」において展開されようとしているものとみなした。支那の勝利は「退歩の精神」が東洋全体を指揮することを意味するから、この戦争は「**東洋における進歩主義の戦士**」である日本にとっての「義戦」であるとした。少年の北は内村のこのようなスケールの大きな文明論的視点に大きな感銘を受けていたのである。（傍点引用者）[17]

「東洋における進歩主義の戦士」にはっきり表れているように、内村鑑三の考えは一種の進化論的な思考である。この思考の中には、進歩対反動という図式が絶えることなく描き続けられる。日本はアジアの先進者として旧文明のロシア帝国と戦う資格を有すると同様に、中国の革命党が代表する勢力は無限の可能性と先進性をもつため、北の国家理念[18]と大きくずれている日本国家の現実と比べると、文明序列の上に立つ資格を持つといえよう。この秩序づくり的な文明論は、かつて「脱亜」を世間に唱えた福沢諭吉と方向的に逆だが、それぞれの思考様式を抽出して観察すると、まさに両者は同一に見える[19]。

竹内好にとって、この文明論と対峙する存在はアジアのナショナリズムである。彼は北が中国革命の性質を見誤っていると指摘したあと、「それは当然引き続いて、ナショナリズムの型の違いという問題につながってくる」と述べた。中国の革命の性質については、竹内が代表作「近代とは何か」ですでに論じたように、不断に自己の内部に指向する徹底した抵抗という形をとった東洋的な近代化であり、それに対して、日本の近代化の過程は、進歩対反動という西洋近代的様式の東洋における投射の産物である。北一輝は確かにアジアの解放を目指していたが、彼の思想の根本は、ヨーロッパの進歩とアジアの反動を逆転させる逆向きの西洋近代化、すなわち竹内好のいう「一時抵抗」である。竹内好は文明論的な理論をもつ岡倉天心と革命の心情をもつ宮崎滔天が出会わなかったと述べたことと合わせて考えると、独立を求める北一輝は、アジア的心情が宮崎滔天のそれと一致するとはいえ、西洋の近代に生まれた進化論的な文明論を打破する思想を持っていない。逆に言うと、竹内はここでアジア的な心情が理論に昇華できなかったと慨嘆する際、東洋的文明論をもつ理想的なアジア革命者を北一輝に期待していたのではないかと考えられるだろう。

進歩と反動という図式から脱出するためには、ほかのどこかから「進歩」を取り入れる方法は有効でない。その方法は、内部から発する革命でなければならない。竹内好はこの発想を持ちながら、歴史的人物としての北一輝に異議を唱え、同時代のノーマンにも反論した。日本の近代史をアジアに対する反動の歴史として規定するかぎり、日本の内部から何かを発掘する契機は永遠に消滅してしまう。単なる反動に対する反対を唱えることは歴史の復権を要求するに過ぎず、現在の時点に立ち、歴史を振りかえる、ないし改ざんする行為に導くに違いない[20]。

ところで、戦後に現れたアジアのナショナリズムは新たな方法の存在を示してくれた。では、思想史的課題として、戦後に現れたアジアのナショナリズムは、どのような文明や価値を日本の知識人に提示したのだろうか、また日本の知識人はそれに対してどういうふうに考えたのであろうか、次に考察していきたい[21]。

## 3．アジアのナショナリズム―1950年代前半の場合

1950年10月インドのラクノウで太平洋問題調査会（Institute of Pacific Relations、以下IPRと略す）第11次国際会議が開かれた。会議の主題は「アジアにおけるナショナリズムとその国際的影響」であり、各代表はこれをめぐって討議を行った[22]。しかし、参加者には社会主義国からの代表団がなかったこと、そして進行中の朝鮮戦争への言及に見られるように、冷戦体制が定着に向かいつつあった世界情勢もこの会議に影を落としていた[23]。開催国の代表として、ネルーは会議の冒頭に演説を行った。

> われわれはこれまで過去の物事に捉われていました。時間は過ぎ去っていった。われわれは時間に歩調を合わせなかった。そこで突如として走り出さなければならない ―歩くだけではもはや足りない― という段階に来たのであります。走りながら、つまずいては転びまた起き上がろうとする。ゆっくり歩けと言われても、それは何の役にも立ちません。なぜなら、われわれは、外部のあるいはそ

のほかの勢力のためにも、ゆっくり歩くことはできないのですから。われわれは特にアジアのような老大陸ではそれが危険を伴うことを知っているが、それ以外に仕様がない。われわれの心には苦悩があり、われわれが回答を求めるあらゆる問題が目の前に横たわっているのであります。

要するに、皆さんがわれわれを理解しようと思われるならば、われわれの経済、社会、あるいはその他の問題を討議したところで、たいしてわれわれを理解されることにはなりますまい。もう少し深く見、アジアの心のなかにあるこの苦悩を理解して下さらなければならない。…他の人々はそれを助けたり妨げたりすることができますが、われわれに代わって解決してくれることはできないのであります。(傍点引用者)[24)]

さて、われわれは朝鮮ですでに三カ月間小型の戦争が行われているのを見ております。この戦争は小規模であるが、しかしそのなかに全世界的な大衝突の種を宿しております[25)]。

ネルーの発言はこの会議の精神と歴史の状況を描き出した。アジア諸国は次々独立を手に入れたとはいえ、いかにして独立国として先進国の隙間で発展していくのか。この問題はアジア諸国自身の問題であり、みずから解決する道を探るしかない。と同時に、進行中の朝鮮戦争は平和を望む人々に警鐘を鳴らし続けている。アジアのナショナリズムは旧帝国主義国家にとって斬新な問題を提出したとはいえ、アジアのナショナリズムという存在は決して気楽なものではなかった。

それでは、日本の知識人はアジアのナショナリズムというものをどういうふうに受け止めたか。まず、ラクノウ会議に討議資料として提出された丸山真男の論文「戦後日本のナショナリズムの一般的考察」[26)]から観点を抽出してみたい。

> けだし日本がすでに過去においてこうしたナショナリズム（ウルトラ・ナショナリズムのこと：引用者）の高度の高揚とその惨澹たる結末とを経験したということが、戦後日本のナショナリズムに複雑な陰影を与えているだけでなく、まさにその点に、日本のナショナリズムの歴史的性格をほかの極東諸国のそれから著しく異ならしめている所以があるからである。今日、インドでも、東南アジアでも、朝鮮でも、民族運動は数百年あるいは数十年にわたる西欧（あるいは日本）帝国主義のくびきをふりほどこうとする巨大な革命的な力として立ち現われている。それは若々しいエネルギーに充ち、偉大なる混とんを内にはらんでいる。要するに、ほかの極東諸地域ではナショナリズムはなお未知数であるが、日本ではそれは一応既知数なのである[27]。
>
> 明治維新がナショナリズムとデモクラシーの統一的解決に失敗した結果、日本は未だ嘗て真の近代的ナショナリズムを知らないことは冒頭で述べたごとくである。アルトラ・ナショナリズムは政治、経済、社会、思想、あらゆる領域における強大な非近代的＝封建的地盤の上においてこそ繁茂したのである。従ってアルトラ・ナショナリズムの根を艾除する途は、日本の社会の隅々に巣喰う封建的抑圧の機構と精神を除去し、これを徹底的にデモクラタイズする以外にはない[28]。

また、1951年1月、『中央公論』では「アジアのナショナリズム」という特集が組まれ、丸山真男の論文も載せられた。

> アジア諸国のうちで日本はナショナリズムについて処女性をすでに失った唯一の国である。他の極東諸地域ではナショナリズムは若々しいエネルギーに満ち青年の偉大な混沌を内にはらんでいるのに対し、ひとり日本はその勃興―爛熟―没落のサイクルを一応完結

した。歴史において完全な断絶ということがありえない以上、この嘗てのナショナリズムとまったく無関係に、今後のそれが発展するということは考えられない。新しいナショナリズムは、古いそれに対する反発として起るにせよ、それとの妥協において、ないしはそれの復活として発展するにせよ、自らの過去によって刻印されざるを得ないのであろう[29)]。

「処女性を失ったナショナリズム」という言葉は、日本のナショナリズムに対する丸山の基本観点を表している。彼は、ヨーロッパのナショナリズムの形成と社会発展の関係と比較したとき、明治初期日本のナショナリズムの芽生えは自由民権運動とうまく融合できず、結局「ウルトラ・ナショナリズム」という、アジアのナショナリズムとは異質で、またヨーロッパのナショナリズムの変種に近いものに変身したと論じた。このナショナリズムはアジアの若々しい、精力に溢れるナショナリズムと根本的に違うものであるゆえ、当然アジアのナショナリズムによってよみがえるものではない。両者は無関係である。日本のナショナリズムの再建は、旧ナショナリズムと何らかの形で関連性を持つと『中央公論』の記事で述べたが、ラクノウ会議で主張した意見から見れば、彼は明らかに旧ナショナリズムに反発し、ナショナリズムの再建は民主主義改革を伴わなければならない、と主張している。

丸山真男と対照的に、『中央公論』同号に「日本人」という有名な文章を寄せた清水幾太郎は、戦後の「日本人は、もう一度、アジア人である」と、日本とアジアの同一性を説いた。

日本人は、もう一度、アジア人である。しかし、そればかりではない。以前は日本の眼中になかったアジア諸民族、日本が自ら見捨てた、あるひは、ただ活動の舞台乃至踏台として利用して来たアジアの諸国、それらの或るものは独立および統一の宿題を達成し、ま

> た、或るものは自信を持って独立と統一とへの道を歩んでいる。…
> 　日本人とは何か。…多くの外国人が日本人に対する観察と解釈と批判とを発表しただけではない、多くの日本人が、実に多くの日本人が自ら日本人を裁いた。…日本人は、野蛮である、無知である、卑屈である、狡猾である、下品である、愚鈍である、狭量である、奇妙である、アブノーマルである、等々。…もう、われわれ日本人には何らの抜け道も残されていないという感じがする。…らつきょうの皮さえ剥いていれば、「アメリカ的生活様式」に到達できると思い込んでいるならば、そしてボガーダスが示してくれた宿命的な表の最下層から自分ひとり脱出することができると考えるならば、我々は敗戦の最大の意味の一つをふたたび見失うことになるであろう。…
> 　われわれが虚心になればなるほど、共通の重苦しい運命が否みがたい実感となって迫って来た。かつて踏台として利用したアジアの諸民族への贖いは、そもそも日本人が最後に立つ地盤は、ほかならぬ、この実感のうちに探り当てられねばならぬ[30]。

　言い知れぬ苦悩をはらんだアジアのナショナリズムは、思うに、世界を動かす第三の力である。アメリカが世界を動かす第一の力であるなら、そして、ロシアが世界を動かす第二の力であるなら、アジアのナショナリズムは世界を動かす第三の力である。ここではもう二つの世界という観念はそのままでは通用しない[31]。

　清水は一方では、アメリカの占領下におかれた日本に対する過剰な批判に対して反感を示し、アメリカ主導の民主改革に不信感を表した。もう一方では、日本はアジア諸国と同じ運命にあり、第三の力であるアジアのナショナリズムという力を借りるべきだと力説した。冷戦や朝鮮戦争の影響で、いわゆる「逆コース」が1950年代の初頭から進行していた歴史的条件を考えると、アジアに対する態度は、単独講和に強く反対した[32]清水の主張と緊密につながっている。1951年サンフランシスコ講和会議を目前にして、清水は単独講和に反対する理由の一つを述べていた。

> 日本の経済的自立は単独講和によっては達成され得ないという吾々の確信とは逆に、サンフランシスコの講和は、日本をアジアから切り離すものである。日本の四つの島は、地図が示す通り、アジア大陸の付属品であり、単に経済上のみならず、諸般の関係に於いて、日本はアジアの一国としての運命と問題を負わされている。この講和によって、日本はアジアの運命と問題とに叛き、これを裏切らねばならない[33]。(傍点引用者)

単独講和反対論者の中でも、清水のアジアに対する帰属意識は際立つものであった。たとえば、同時期に講和問題の本質を論じた上原專祿は、講和問題の意味は満州事変以来アジアに侵略行動を起こした事態に対する自己反省を「可視的なかたちで視界の前に表現していく」[34]ことにあると論じたが、日本とアジアの緊密な関係に拘っているわけではなかった。

ただし、清水が日本とアジアを結びつけるやり方はあまりにも安易である。彼が日本とアジアの関係を主張するとき示した論拠は二つあった。一つは、アメリカから見たとき日本人はアジア人と同じであるということである。もう一つは、日本の経済はアジア的経済と同様に貧乏状態にあることであった。

> かつてE.S.ボガーダスはいはゆる「社会的距離」を測定して、有名な一群の数字を挙げたことがある。すなはち、彼はアメリカ人の「人種的反応」を明らかにしようとして、1725人のアメリカ人を選び、この人々に向かつて、「次の諸人種と縁組をする気があり

ますか。」と尋ねてみた。「次の諸人種」の中には、イギリス、アメリカ、カナダ、スコットランド、フランス、ドイツ、ロシア、日本人、フィリッピン、ニグロ、朝鮮など、全部で40の人種、あるひは民族が含まれてゐる。

…

「日本人と縁組をする気がある」と答えるものは、100人中2.3人。ニグロとトルコ人とが両方とも1.4人、その下は中国人、白黒混血児、朝鮮人、インド人で、いづれも100人中1.1人。それでこの表は終わる。これより少ない数はないのだ[35]。

私は元気を回復して国際連合の「1948年アジア極東経済調査」を取り上げる。私は第一章「アジアの経済の特徴」を読み始める。第一の特徴は、不安定な農業生産の圧倒的な地位。これこそ相互に非常な差異を示すアジア諸国を一貫する共通の根本的特徴である。「日本でさへも例外ではない。」第二は、工業資源の未開発。第三は、低い生産能力。第四は、資源に対する人口の圧迫、最近の日本は、出産の高さにおいてアジア的水準を、死亡率の低さにおいて西洋的の水準を示してゐる。

…

日本人の地位に関する限り、二つのものは同一の結論に到達してゐる。1725人の「人種的反応」は主観的に、国際連合の調査は客観的に、われわれの真実の仲間が同じ貧困に悩むアジアの民衆であることを告げてゐるのだ[36]。

清水が提示した日本とアジアの連帯は、日本がアメリカ（西洋）に認められない状況において生まれた受動的な関係である。しかも彼は「ふたたび」という言葉を使ったように、日本とアジアの関係はかつて切れていたことを承認している。しかも、彼の表現を借りると日本とアジアのつながりは、結局日本は「アジア大陸の付属品」である（前引用傍点）という地理的要素に規定されてしまう。そして、戦後現れたアジアのナショナリズムは歴史の中にあった日本と関係を持たない。清水にとって、アジアの存在は二極化する世界情勢を打破する勢力であり、日本を導く道を示してくれる存在である。清水のアジアに対する考え方の中には、北一輝が中国革命に寄せた期待と同質なものがある。それのいずれも、自国の運命を変えるために、外からモデルを探し出そうとする思考様式である。

戦後間もなく、日本は反省と自己否定の知的雰囲気に囲まれていたのは確かである。そして、竹内好の「近代とは何か」はまさしく前述の子安が指摘したように、自己否定のものに数えられるだろう。彼は苦痛に耐えて「掙扎」した結果、アジアのナショナリズムと出会うことによって一歩進む可能性を与えられた。とはいえ、彼は清水と違って、決してすぐにアジアのナショナリズムという外にあるものを自己と結びつけようとはしなかった。彼は「掙扎」の経験をこのように記した。

> 「処女性」を失った日本が、それを失わないアジアのナショナリズムに結びつく道は、恐らく非常に打開が困難だろう。ほとんど不可能に近い困難だろう。真面目に考える人ほど（例えば丸山真男氏や前記の高見順氏）絶望感が濃いのはその証拠だ。しかし絶望に直面した時に、かえって心の平静が得られる。ただ勇気を持て。勇気をもって現実の底にくぐれ。一つだけの光にたよって、救われることを幻想してはならぬ。創造の根源の暗黒が隈なく照らし出されるまで、仕事を休んで安心してはならない。汚れを自分の手で洗わなければならぬ。特効薬はない。一歩一歩、手さぐりで歩きつづけるより仕方がない。中国の近代文学の建設者たちを見たって、絶望に打ちのめされながら、他力にたよらずに、手で土を掘るようにして一歩一歩進んでいるのである。彼らの達成した結果だけを借りてく

る虫のいいたくらみは許されない。たといそれで道が開けなかったところで、そのときは民族とともに滅びるだけであって、奴隷（あるいは奴隷の支配者）となって生きながらえるは、はるかによいことである[37]。

日本のナショナリズムの再建に直面した際、困難を感じた竹内好は、丸山真男と共通認識を持っている。ただ竹内が取ろうとした方法は、ネルーがアジアの問題はアジア人自身によって解決しなければならないと述べたように、日本の中に素朴なナショナリズムの心情を探ることであった。

日本のファシズムの権力支配が、この民族意識を眠りからよびさまし、それをウルトラ・ナショナリズムにまで高めて利用したことについてその権力支配の機構を弾劾することは必要だが、それによって素朴なナショナリズムの心情までが抑圧されることは正しくない。後者は正当な発言権をもっている。近代主義によって歪められた人間像を本来の姿に満たしたいという止みがたい欲求に根ざした叫びなのだ。そしてそれこそは、日本以外のアジア諸国の「正しい」ナショナリズムにもつながるものである[38]。

丸山真男の意見に従うと、日本にはアジアのナショナリズムはすでに存在しない。同様な考え方は、戦前東亜共同体を鼓吹した論客にも見られる。たとえば、「昭和研究会」のメンバーのひとり蝋山政道は、中国の民族主義および抗日思想を「日支衝突の最大原因」とみなし、批判の俎上にあげた[39]が、戦後になって、かつて日本が提唱した東亜共同体の破綻とアジアのナショナリズムに直面して、「日本のアジア大陸における政策が、中国のナショナリズムを破壊し」、「日本のナショナリズムの失敗であった」[40]と認識を改めた。その限り、日本の歴史から健全なナショナリズムを抽出することは不可能である。一方、清水幾太郎は、アジアという日本の外部にある新しい価値基準を打ち出し、モデル転換による変革を図った。これが、1950年前後、アジアのナショナリズムが日本の思想界に流入した際現れた二つの扱い方であった。

竹内好は、日本におけるアジア的性格を歴史から発見することに拘っていた。しかし、1950年代前半の思想状況の中では、その発見は不可能である[41)]。この二つの扱い方を如何にして超越できるかは、難問を解く鍵となる。

彼の選んだ方法は、「正しい」という概念に矢を放つことだった。

> たしかにナショナリズムには、革命に結びついたそれと、反革命に結びついたそれとの二種類があり、前者のみが正しいナショナリズムである、ということを承認しなければならないだろう。ところで、インドの場合はそのどちらの類型にはいるか、という疑問が一つ私にはある。インドと中国を概括できるようなナショナリズムの類型が取り出せるものだろうか。
>
> もう一つ、これは疑問というのではないが、丸山説に少し補足したい点がある。それは、中国にも「悪しき」ナショナリズムの方はあるということだ。その実例は、第二次国共合作以前の国民党にある。当時の国民党は、共産党弾圧の手段としてナショナリズムを利用した。そのやり方は、ちょうど日本で国権派が自由民権派を弾圧した時と同様であって、国論の統一を武器にした。三民主義から民族主義だけを抜き出して孫文思想の歪曲化を図り、左翼からの転向者を集めて民族主義文学という御用文学を作り上げた。結局、この試みは歴史的に失敗したのであるが、ナショナリズムを正面に押し出すやり方は、とかく眉ツバモノであって用心しなければならぬという教訓は中国の場合にも当てはまるのである。
>
> （中略）

中国では、反革命さえ革命のエネルギイに転化しているところに、日本との型の違いがあるのだ[42]。

つまり、丸山真男がナショナリズムを「正しい」と「悪い」というふうに両断したことに、竹内は異議を唱えた。進歩と反動、このカテゴリーにとらわれる思想は、西欧の近代が指し出した「文明」という方向に沿って永遠に運動していくように、歴史にわけ入る契機を提供しない。ナショナリズムに関しても、いったんある地域、あるいはある部分のそれを「正しい」と規定してしまうと、残りの部分はそれと対立するものとしてしか現れない。改革の外来性と内発性に於いて意見の違いはあるが、丸山も清水も結局同様に、アジアのナショナリズムを一つの「進歩」として基準を立て、日本はそれに到達できるかどうかという議論を展開した。丸山は、正しいアジアのナショナリズムは「混沌」であると論じた際、日本のナショナリズムの混沌を見失ってしまった。竹内好は、まさに、アジア主義という混沌の中からナショナリズムの可能性を発掘しようとした。丸山が福沢諭吉を先覚者として描くとき[43]、竹内は福沢が文明論者でありながら、ナショナリストの一面をも持っていたと論じたのは[44]、一つの対比になるだろう。

竹内好はアジア主義に着手するまでに、ある思想的変化を経過した。戦後間もなく彼のアジア論は、アジア、ことに中国に対する肯定と日本に対する否定からなるものだが、進歩と反動という図式の中に描かれた進化論的な考え方に疑問を呈した。1951 年のアジアのナショナリズムの出現は彼に新たな思想的契機を提供した。ナショナリズムの再建という問題をめぐって日本の歴史の中で進歩と反動という枠組みを超えて、戦後の思想界に斬新な思想的手法を提示した。彼のアジア主義研究は、この手法を用いて行われたものであり、戦後において最初にアジア主義を検討する可能性と意味を提起した。

本章第３節で取り上げたネルーが行った発言に再び注目してもらいた

い。「アジアの心のなかにあるこの苦悩を理解して下さらなければならない」という要請は当時日本においてどれほど受け入れられたかについて、もっと広範囲にわたって検証しなければならないが、竹内好はその要請を聞き入れた一人であるには間違いない。

ネルーの心情には、「突如として走り出さなければならない」と描き出されたように、近代に対する緊迫感と危機感がみられる。植民地支配から脱出したインドは、近代に対応しないといけないと同時に、ヨーロッパ的な近代と同じ道を辿るわけにはいけない。外部から見れば、アジアのナショナリズムは時代の転換を象徴する価値に見えるかも知れないが、このナショナリズムを建設するプロセスには、他人によって解決されない「苦悩」が満ちている。この「苦悩」こそ、アジアのナショナリズムに含まれる「心情」である。戦後日本において、この苦悩はモデル転換によって処理された。つまり、戦前を否定することによって近代と接触してきた以来形成されてきた日本人の「心情」も同時に否定される。しかし、竹内好はこの転換を受けいれなかった。日本の知識人の心に、アジアの心情を発見できるのではないかと、彼は考えた。

この「心情」の発見は、「近代の超克」の再考にあったのである。

# 第五章　アジア論の展開：戦争から明治へ

## 1.「近代の超克」論の読み直し

近代化の日中の型を比較した結果、竹内好は、日本の型を「転向」と称し、これに対して中国の方は「回心」であると名付けた。自己を放棄する「転向」型は歴史を断絶させるのに対して、自己を確立する「回心」型は歴史を甦らせる。と同時に、1950年代にあらわれたアジアナショナリズムの影響で、竹内好に歴史を見る二つの方向が与えられた。そして、竹内好は近代という歴史的時代を以下のように定義した。

> 近代という歴史的時代は、ヨコに眺めれば世界の均質化（資本主義化）の進行過程としてとらえることができるし、タテに眺めれば、国民国家および民族文化の定位される時期としてとらえることもできる[1)]。

「近代とは何か」で、このヨコとタテの方向の由来を説明した。「世界の均質化」とは、ヨーロッパの前進の結果であり、民族文化の定位は、「前進＝後退」運動の中における自己確立の目標である。二つの方向が交差して以後、歴史は近代の段階に入ってきた。竹内好は近代の延長にある「現在」という時点で歴史を観察し、このような二つの方向を見抜いた。彼のアジア論は、このような二つの方向に沿いながら、展開していった。

「近代化の型」論を提出した後、竹内好は、近代の歴史をさかのぼろうとした。この第一歩として、重要な役割を果たした文章は、彼が1959年に発表した「近代の超克」である。「近代の超克」は発表当時、大きな影響を及ぼし、今日までも影響力を持っている。

そもそも「近代の超克」とは、1942年雑誌『文学界』の主催した座談会での一節である。この座談会の影響で、「近代の超克」は「戦争中の日本の知識人をとらえた流行語の一つ」となった[2)]。この座談会の背景や内容について、少し述べておく必要があると思う。

> 太平洋戦争勃発の翌年、1942年のこと、「近代の超克」と銘打った座談会が日本のエリート知識人たちによって開かれた。この座談会は、戦争の暴力性を背景にしつつ、当時の日本における国民総動員といった社会的雰囲気を映し出し、また太平洋戦争の勃発という特定の歴史的時点における、エリート知識人たちの戦争参入に向けた「学術的」な情熱を顕露していた。もっとも座談会そのものでは、少数の参加論文を除いては、戦争が正面から取り上げられることはなく、そこで論じられたのは、欧米モダニティから発生した基本的問題、西洋モダニティの日本における効果と副作用、あるいは日本精神の再発見などといった諸テーマであった。主催者は「結語」で、この座談会の趣旨は、大東亜戦争のスローガンによって押し隠されようとしている「精神の努力や能力」を世間に伝えることにあったと強調した。さらに、イデオロギーが強力な時代にあって「所謂「いひたいことがいへない」といふのは、感傷的な自己告白に過ぎない」とも指摘し、つまるところ、この座談会は、イデオロギー的なスローガンでもなく、また感傷的な自己告白とも異なり、「我々は「如何に」現代の日本人であるか」を討論するものであったと主張した[3)]。

戦後、「我々は「如何に」現代の日本人であるか」という課題は再び日本中で議論された。敗戦の打撃を受けた知識人は、それぞれの方法を用いて日本のあるべき姿を探していた。この中では、国際共産主義運動の立場に立つ共産主義系の知識人や西洋のモダニティを唱える丸山真男などが代表としてあげられる。しかし、第四章で論じたように、これらの論者は日本の歴史についていずれも完全に批判的な態度をとり、日本以外にモデルを求めていた。また、「1952年4月号の『文学界』に掲載された「『文学界』二十年のあゆみ」と題された座談会で、河上徹太郎、林房雄、小林秀雄などが再び「近代の超克」について触れたが、それは完全に文学者たちの私的活動として描き出された」[4]。こうして、「近代の超克」は完全に戦争イデオロギーとして扱われていた。竹内好は、小田切秀雄の定義を援引した。

「太平洋戦争下に行われた『近代の超克』論議は、軍国主義支配体制の『総力戦』の有機的な一部分たる『思想戦』の一翼をなしつつ、近代的、民主主義的な思想体系や生活的諸要求やの絶滅のために行われた思想的カンパニアであった。当時『思想戦』を呼号していた一層粗暴な軍国主義者たち（文壇の中にも少なからずいた）の活動に対して、『文学界』グループを中心としたこの論議は、ヨリ知的なスマートな外見を示していたが、本質的には同じコースを進んでいたものであり、それだけに手のこんだ影響を及ぼしていた。『文明開化』と官僚主義への批判という形で日本浪漫派が行ってきた資本主義文明批判はこの論議によってヨリ広い視野のなかにひきだされ、さらに日本の近代社会とその生活・文明・芸術などにおいての近代的な側面のいびつな展開とそれの伴った弱点がさまざまな角度から論難攻撃され、その結論として軍国主義的な天皇制国家の擁護・理論づけないしそれの戦争体制の容認・服従ということが思想的カンパニアとして行われたのである[5]。」

第二章で丸山真男の論文を引用したように、敗戦後、近代を超克する主張が「まるで「反動」のように見なされてきたのは、「西欧近代化」

対「日本または東洋の伝統」という図式が、超克すべき対象を逆転し、西洋化すなわち近代化図式による発展段階論とともに繰り返された[6]」。「近代の超克」は軍国主義支配体制の「総力戦」の有機的な一部分たる「思想戦」をなした、というごく普通の見かたである。しかし、竹内好は再び歴史を断絶させる「転向」を強く警戒した。

> もう一つは、「近代の超克」が提出している問題のなかのいくつかが今日再提出されているが、それが「近代の超克」と無関係に、あるいは関係をあいまいにして提出されているために、問題の提出そのものが真面目にうけいれられない心理の素地を残しているということである[7]。

前章で述べたように、竹内好は日本の近代化のプロセスにおいて発生した歴史の断絶を痛感した。同じ課題に直面する日本人は、「近代の超克」を作り出した自分を切り捨てて新しい自分を求めた。そうした動向はまさに歴史を再び断絶させようとする意識が働いたからである。しかし、この動向に反して、日本の再建のために、問題が発生した時期にさかのぼり、そこで問題のあり方を歴史的に見直そうとする要求が出てくる。竹内好は、このような要求に応じて「悪玉」と見なされた「近代の超克」の封印を解いた。

## 2. 思想の抽出

歴史上の出来事としての「近代の超克」は、歴史の中で、それなりに役割を果たしたことは否定できない。「近代の超克」は戦争イデオロギーであるにもかかわらず、思想であることが成立するなら、思想としてのエネルギーを持たなければならない。これが、竹内好が「近代の超克」を再考する出発点である。

> 「近代の超克」が「軍国主義体制」と密着不可分であるとも考えない。もし密着不可分なら、それは思想の名に価しないものであって、仁奈のような知識青年を動かすはずはなかったからである…。
>
> 思想からイデオロギイを剥離すること、あるいはイデオロギイから思想を抽出することは、実に困難であり、ほとんど不可能に近いかもしれない。しかし、思想の次元の体制からの相対的独立を認め、**事実としての思想**を困難をおかして腑分けするのでないと、埋もれている思想からエネルギイを引き出すことはできない。つまり伝統形成はできないことになる[8]。（傍点引用者）

竹内好は、思想のエネルギーを「事実としての思想」と称した。「近代の超克」そのものを評価するよりも、「近代の超克」という思想が人間にどのように働きかけたかという視座から、歴史を再発見することができる。しかし、「近代の超克」の内容を考察した結果、その内部に矛盾があり、「無内容」である、と判断した。

> これらの諸説は、近代の解釈が多様であるばかりでなく、近代の肯定説と否定説とがあり、否定説の中にも超克の契機を含むものと含まぬものがあり、含むもののなかにも時間の論理で含むものとそうでないものとがあるという具合で、河上でなくて誰が司会をやっても到底これを一本にまとめることは不可能である。そうかといって全部をよせ集めたのでは「近代の超克」が無内容になる[9]。

この無内容なものがなぜ当時の人間を動かしたのかは不思議である。「近代の超克」が戦争イデオロギーとなりうる原因は、同時に人間を動かした原因である。そして、この原因を探ると、この「近代の超克」が立ち上がる理由が注目される。竹内好はこれについて、以下のように分析した。

> 第一に、太平洋戦争の開始は、河上たちにとってショックであり、「知的戦慄」であったことが述べられている。その「知的戦慄」の内容は、「西欧知性」と「日本人の血」の間の「相剋」ということで説明されている。第二に、「新しき日本精神の秩序」が「国民の大部分」の間でただスローガンを「斉唱」するだけに止まっている「無気力を打破」したいという意欲が出ている。第三に、そのために専門知識人の間の「文化各部門の孤立」という壁をつき破らねばならぬ、という実践要求が出ている[10]。

> 抵抗と屈伏とは、具体的な状況に照らして見なければならぬので、今日から何とも不様に見える「近代の超克」にしても、まだ一点の救済の余地はあるように私には思われる。問題は河上のいう「知的戦慄」の解釈いかんにかかっている[11]。（傍点引用者）

宣戦の 1941 年 12 月 8 日は戦争と知識人の理想を繋ぐ特殊な要素として浮かび上がってきた。「スローガン」が「実行」となった瞬間、「新しい日本精神」を望んでいた知識人に戦争に取り組む「意欲」をもたらしたのである。「近代の超克」は当時の知識人を動員したというより、知識人の西洋的知性を乗り越えようとする知的欲望が「宣戦」を契機に爆発したのである。竹内好はこの宣戦の日を手掛かりにして議論しつづけた。

> 抵抗から協力への真理の屈折の秘密がここに見事に語られている。高杉は、独ソ戦について内心ソ連側に応援していた。それは彼の理性が、ナチへの嫌悪と、日本の対中国侵略戦争を許しえないことを同列に置き、宣戦なき戦争の虚偽にひそかに抵抗していたことを示している。その彼を心理的に開放したものが太平洋戦争だった。あるいは、解放を待ち望む心理が太平洋戦争を理想化した[12]。

第一章で述べたように、この戦争に対する態度の変化は竹内好の思想遍歴にも現れた。戦争中、多くの知識人は戦争に協力したのは、おそらく竹内好と同じような心情を持っていたからだ。当然、彼らは、人間の殺し合いや勢力争奪である戦争に屈折したのではなかった。かつて竹内好が華北派遣軍に配られた小冊子に感動したように、戦争に抵抗し切れなかった日本人の良識に残されたのは、心情のみである。竹内好のいうように、戦争に協力する前提は「戦争性質二分論」である。

> 亀井は、戦争一般という考え方を排除し、戦争から対中国（および対アジア）侵略戦争の側面を取り出して、その側面、あるいは部分についてだけ責任を負おうというのである。私はこの点だけについていえば、亀井の考え方を支持したい。大東亜戦争は、植民地戦争であると同時に、対帝国主義戦争でもあった。この二つの側面は、事実上一体化されていたが、論理上は区別されなければならない[13]。

この二分論は、事実としての戦争に対する二分論ではなく、論理上での区別であると竹内好は強調した。理論上での区別するのは、日本と帝国主義国家の関係を引き出すためである。

> 帝国主義によって帝国主義を倒すことはできないが、さりとて帝国によって帝国主義をさばくこともできない。それを裁くには何らかの普遍価値を基準にしなければならぬ（例えば東京裁判での自由、正義、人道）が、そのような普遍価値は亀井の論理からは承認されない。なぜならば、東と西を包括するものとしての普遍価値は伝統と切れており、伝統から切れたものは「文明開化」であって、「原典」になりえないからである。
>
> この議論は、「近代の超克」論の今日からの再出発には有効だろうと思う[14]。（後略）

前に述べたように、近代化の問題を扱うときに、彼は二つの方向を定めた。「近代の超克」で、ヨコとタテ二つの方向は如何に表現されただろうか。戦争二分論は、この二つの方向と相関的である。

ヨコでいうと、帝国主義としての日本が帝国主義国家と戦争することは、まさに日本が同質化された結果である。戦争発動国として、日本は裁かれた。裁判の結論は、日本は侵略国であり、文明に対する罪を犯したという。日本に戦争に対する責任があることは、竹内好も否定しない。むしろ、彼は日本が侵略したアジア諸国、特に中国に対する責任を果たさなければならないと強く感じている。安保闘争の中で竹内好はこの主張を何度も繰り返して掲げた[15)]。ただし、日本は侵略国であるだけに、日本の過去はすべて否定されてしまう。理論上この壁を乗り越える重要な役割を果たしたのが、戦争二分論である。竹内好は、帝国主義国家によって裁かれることに、理論的に矛盾があると指摘したが、この「近代の超克」ではその点についてはこれ以上の分析をしなかった。しかし、戦争の二重構造になった理由は、明治維新にあると説いた。

> 大東亜戦争は確かに二重構造をもっており、その二重構造は征韓論に始まる近代日本の戦争伝統に由来していた。それは何かといえば、一方では東亜における指導権の要求、他方では欧米駆逐による世界制覇の目標であって、この両者は補完関係と同時に相互矛盾の関係にあった。なぜならば、東亜における指導権の理論的根拠は、先進国対後進国のヨーロッパ的原理によるほかないが、アジアの植民地解放運動はこれと原理的に対抗していて、日本の帝国主義だけを特殊例外あつかいしないからである。一方、「アジア的盟主」を欧米に承認させるためには、アジア的原理によらなければならぬが、一方でアジアを主張し、他方で西欧を主張する使い分けの無理は、緊張を絶えずつくり出すために、戦争を無限に拡大して解決を先に延ばすことによってしか糊塗されない。太平洋戦争は当然「永久戦

争」になる運命が伝統によって与えられていた[16]。(傍点引用者)

日本は「アジアの盟主」になるために、拡張戦争という方法を用いた。竹内好は、この方法はアジアの民族独立の原理ではなく、欧米帝国主義の方法である、と説明した。日本がアジアの一員として独立を求めた歴史はあったが、拡張戦争という結果からみると、独立した時期には、原理的価値選択をした日本は、すでにアジアの原理から逸脱した。戦争の二重構造は、戦争から始まったのではなく、明治維新という近代日本国家が立ち上がった時から定められた。それどころか、明治国家自体が二重構造である。しかし、竹内好が「近代の超克」を書いた時点で、このような明治国家の二重構造は問題とされていなかった。

> (日華事変の不可解について：筆者注) 太平洋戦争の二重構造が認識されないままに忘れられようとしているからであり、さかのぼっていえば、明治国家の二重構造が認識の対象にされないからである。(傍点引用者) 明治時代を一貫する日本の基本国策は、完全独立の実現にあった。開国に際して安政の不平等条約の最終廃棄（関税主権）は明治四十四年まで持ち越された。しかし一方、日本は早くも明治九年に朝鮮に不平等条約を押し付けている。朝鮮や中国への不平等条約の強制が日本自身の不平等条約からの脱却と相関的であった。この伝統から形成されたのが「東亜共栄圏」のユートピア思想であり、そのために「大東亜戦争」は不可欠の条件であった[17]。

明治国家の二重構造を意識していなかったのは、一般国民や普通の知識人だけではなく、むしろ戦争の発動者であるファシストも含まれていた。これについて、竹内好は「近代の超克」で、「正銘のファシスト」である大川周明が「日華事変の解決不能」について嘆息することを例にして説明したが、大川周明が如何に明治国家の二重構造を知らなかったかを理論的には説明しなかった。ただ、別のところでこれについて以下のように述べている。

> 彼は中国革命を、孫文の革命から国民革命まで、すべて外来思想のつけ焼刃という一面でしかとらえていません。デモクラシイもコミュニズムも西欧的なものであって、したがってアジア解放の手段ではなくて侵略または解体の手段である。そういうものを排斥しなければアジアの復興はできないと考えるわけです。これは全然まちがいだとはいえないまでも、一面的であることは否定できません。大川流のノミナリズムの弱点があらわれている。中国革命の底に流れる被圧迫大衆の願望には目がとどかないという弱点であります[18]。（傍点引用者）

近代化のタテの方向で見れば、自然に出てくるのは、日本とアジアの民族独立運動との関係である。日本の独立は「脱亜入欧」という取捨選択をしたので、日本の民族的伝統はアジア主義という形で国家イデオロギーから引き剥がされた。竹内好は『アジア主義』を編集したとき、大川周明をアジア主義の一例として扱った。大川周明の代表するアジア主義は、アジアの民族的な力を無視した。このようなアジア主義が、問題だと見なされるのであるならば、アジア主義はどのようなものであるべきだろうか。これは、「近代の超克」ではそれ以上は論じられなかったもうひとつの課題である。少し筆を先に走らせるが、1960年代に登場した「大東亜戦争肯定論」は、まさしく竹内好が指摘した大川周明が代表するアジア主義者の重大な欠点を引きついだのである。

「近代の超克」の最後に竹内好は「近代の超克」論について以下のようにまとめている。

> 「近代の超克」は、いわば日本近代史のアポリア（難関）の凝縮

であった。復古と維新、尊王と攘夷、鎖国と開国、国粋と文明開化、東洋と西洋という伝統の基本軸における対抗関係が、総力戦の段階で、永久戦争の理念の解釈を迫られる思想課題を前にして、一挙に問題として爆発したのが、「近代の超克」論議であった。だから問題の提出はこの時点では正しかったし、それだけ知識人の関心も集めたのである。その結果が芳ばしくなかったのは問題の提出とは別の理由からである。戦争の二重性格が腑分けされなかったこと、つまりアポリアがアポリアとして認識の対象にされなかったからである。したがって、せっかくのアポリアは雲散霧消して、「近代の超克」は公の戦争思想の解説版たるに上ってしまった。そしてアポリアの解消が、戦後の虚脱と、日本の植民地化への思想的地盤を準備したのである[19]。（傍点引用者）

竹内好は、戦争に関わる知識人の「心情」を手がかりに、日本近代史のアポリアを掘り出した。このアポリアを構成した一面は、日本が帝国主義と同質化することによる国家価値の選択であり、もう一面は、アジア主義の成り行きである。この二つの面は、正しく近代化が二つの方向で残した問題であり、二つの問題を手掛かりにして探索すると、竹内好の期待した「事実としての思想」が発見できるようになる。

## 3．戦争責任論と文明一元論

竹内好は「近代の超克」の補足として、「戦争責任について」と「日本とアジア」を書いた[20]。

「戦争責任について」は、ノートの形式で戦争責任問題の扱い方についていくつかの問題点を整理した。「日本とアジア」と合わせてみると、問題は主に三つある。第一、戦争責任は戦争の側面によって分ける必要がある。それに第二、戦争は東京裁判によって裁かれたが、この裁きは主に太平洋戦争を対象としている。第三、戦争責任論を通じて責任という認識を生産的に活性化させるべきか、という問題である。

また、「日本とアジア」では、戦争責任をめぐって論議が展開された。

直接戦争責任に触れる前に、彼は福沢諭吉の文明論から着手した。福沢諭吉の設定した日本近代化のコースは、文明一元観に基づいていることに竹内好は注目した。「文明一元観というのは、歴史は未開から文明への一方通行だという歴史観を軸にして世界を解釈する思想のことである[21]。」福沢諭吉はこのような文明史観の最大のイデオローグであることは間違いない。

「近代の超克」で述べたように、日本が帝国主義国家によって裁かれたことについて、竹内好は疑問を持った。帝国主義は、ヨーロッパ文明の「拡張的」な本質の一つの形態であることは間違いない。つまり、文明一元観は、ヨーロッパ的な文明観であり、日本を帝国主義の仲間に入れた要因である。文明一元観論に沿ってきた日本は東京裁判によって裁かれた。しかし、竹内好の考えによると、判決には二つの問題点がある。

第一は、日本が発動した戦争は文明への侵害であるという点で、第二は、1931 年以前の日本は裁かれなかったことだ。この二つの問題点は日本の発動した戦争の性質に関わる。

日本は反文明であると判定を下した東京裁判は当然文明側に立つ。そうすれば、日本で文明を代表する福沢諭吉は、東京裁判と対立するのか。それとも、1931 年以前の日本が裁きの対象外とされたことは、1931 年以前の日本は反文明ではないと判断されたことを意味し、文明一元観は徹底されずに、日本は福沢諭吉の設定したコースから逸脱したのか。

「日本とアジア」では、文明一元観を支持する代表として、竹山道雄[22]があげられた。日本は一貫して文明一元観に忠実だったと主張するのであれば、戦争責任はどこにあるか。竹山道雄はそれを少数のファシストに帰着させた。彼は欧米文明が唯一の文明であるという認識を持ち、そのため、日本は欧米と同質である、という結論までに至った。

文明一元論を支持すれば、日本は欧米と同質であると結論したことは、ほぼ必然的である。本書の冒頭に取り上げた中川秀直の「新しいアジア主義」をこの竹内の考えと照らし合わせてみれば、まさしく「文明一元論」の延長に見える。簡単にいえば、文明一元論の観点では、世界は一元的でなければならないからである。福沢諭吉は、アジアに属する日本の危機に直面して、アジアの「悪友」と絶交する道を選んだ。この選択は、危機への対応として否定できないが、これはまさに竹内好の論じた「選択」である。この選択は、自己確立の方法としては、理論的には失敗であった。この失敗に新しいアジア主義の価値を附合させるのは、いかにも荒誕に見えるだろう。

それでは、歴史的現実的には、どの部分が失敗だったのだろうか。これについて竹内好は、以下のように解説した。

> ただ、大筋としては、独立の手段としての「脱亜」が後に目的化され、「脱亜」完成によってアジア認識の能力を失った後に内容の空虚な「興亜」が看板に掲げられた、と考えていいのではないかと思う[23]。

「興亜」と「脱亜」は、一見すると反対語であるが、時代的な意味合いを考えてみると、そうではないことが分かる。「脱亜」にはヨーロッパの拡張に対する対置として、自己を保存する意識が含まれている。この意識自体は、ヨーロッパの拡張と対抗する意識である。「興亜」もまた、アジア全体をヨーロッパの拡張から救い上げようとする表現である。両者はヨーロッパの拡張、あるいは文明一元論に対抗する意味では一致する。ただし、「脱亜」という手段は、竹内好のいう「虚像」である。つまり、ヨーロッパに接近される瞬間、ヨーロッパが映し出された、あるいはヨーロッパの価値に学んだ価値であり、生産性は持たない。竹内好の理論によれば、竹山道雄が、このような「虚像」の信者になることは必然である。

一方、東京裁判を否定する考え方、あるいは文明一元観に反対する考え方として、竹内好は、東京裁判裁判官の一人であるパール[24]を取り上げた。パールは東京裁判そのものを文明の代表として疑った。

> パールがインドの法精神から説き起こしていることは興味がある。引用は略したが、ローマ法の源流がインドにあることを彼は詳しく説明しているのである。したがって、彼の意見が裁判批判を超えて文明批判に及んだとき、その立場は、西欧文明にインド文明を対置させるのでなくて、むしろインド文明こそ唯一の文明であり、西欧文明はその支流に過ぎず、しかも唯一の文明から逸脱した非文明であることを主張しているのである。もっとも、これだけから西欧文明否定論を引き出してくるのは言い過ぎなので、たぶん彼の文明観は、ネルーなどと同じような、したがってその限りではトインビーとも近いような、多元論ではないかと想像される。ただ、西欧文明だけが唯一文明だとする一元観には、彼は強硬に反対するのである[25]。

文明一元観を否定するならば、ヨーロッパ文明以外のものを論拠にするしかない。パールが持つのは、インド文明である。例えば、法律の領域では、「ローマ法の源流」は唯一ではないし、インド古来の法律精神はヨーロッパに劣っていない。

> 「インドは古来宗教の国、哲学の国といわれているが、法律的理論においても非常にすぐれたものを持っていた。」
> 「真理こそインドの昔からの法律の基礎である。」
> 「法の前には万人平等、一視同仁である。この神聖なる法の力によって、社会秩序は維持され、大衆も金持階級も、知識階級も平等に働かされるようになった。……この考えがインドにおける法理哲

学の基礎となっているのである[26)]。」

言うまでもなく、文明一元論の反論者として、パールは成功した。このような文明一元観に反対する考え方は、実際日本にもあった。竹内好は、赤松克麿をこのような論者の一人として取り上げた。赤松克麿の場合は、アメリカとソ連がどちらでも欧米文明に所属し、どちらも世界を救えず、「自分の魂の救いを東洋に求める」べきだと主張した。

## 4.「日本のアジア主義」登場

東洋本位論は、歴史的に継承されてきたものでもある。しかも、それは日本の近代過程の最初から存在した文明論であり、近代の歩みに従わず、埋もれている状態になっている。竹内好は『アジア主義』を編集したとき、解題としての一篇の文章を書いた。それは、前述の有名な「日本のアジア主義」であり、日本のアジア主義の存在を検討したものである。

思想研究の材料としてのアジア主義が発掘されない最大の理由は、やはり戦争イデオロギーに属する「大東亜共栄圏」の極悪な影響である。竹内好はまず「大東亜共栄圏」のような戦争中日本政府が鼓吹したアジア主義の虚偽性を指摘し、アジア主義の思想源泉はそこにないと指摘した。

> 実際について見ると、「大東亜共栄圏」は、アジア主義をふくめて一切の「思想」を圧殺した上に成り立った擬似思想だともいうことができる。思想は生産的でなくては思想とはいえぬが、この共栄圏思想は何ものも生み出さなかった。この天くだり思想の担い手もしくは宣伝がかりの官僚は、一切の思想を圧殺するために「大東亜共栄圏」といういちばん大きな網をかぶせただけである[27)]。

官僚にないとするならば、アジア主義発生の基盤はどこにあるのか。竹内好が最初に注目したのは、玄洋社である。自由民権運動の中で成長してきた玄洋社は、なぜ「右翼」として定着し、日本の国運に自身を結合させたのか。竹内好は、「侵略」と「連帯」を具体的な状況において区別できなかったからだという。日本の国益を守るため、アジアのいわゆる後進国と「連帯」を図ったアジア主義者は、「侵略」という手段をも辞さなかった事情もあり、しかも結果的に目的であった「連帯」は最終的に達成できず、日本政府[28]の完全なる侵略によって抑えられた。竹内好が注目したのは、「連帯」を図る「心情」である。

> アジア主義が玄洋社＝黒龍会的なものを除いて一切なくなったと主張するのではない。宮崎滔天的なもの（『三十三年の夢』における滔天）は、心情としてはずっとつづいているだろう。中村屋店主相馬愛蔵と黒夫妻（「ボース覚書」参照）などは、その一例である。岩波茂雄も心情として非侵略的なアジア主義者である。彼は日華事変の最中は軍への献金を拒否して、軍からにらまれるのを意に介しなかった。しかし太平洋戦争になると、会合の席で「米英をやっつけるなら僕も賛成だ」と口に出して言った（小林勇『惜櫟荘主人』）。こういう心情は、「チャンコロ」意識や「ヨボ」意識に交じって、民衆の間に保たれていたし、今でもかすかに保たれているだろう。
>
> しかし、その心情は思想に昇華しなかった[29]。

竹内好はアジア主義から、「近代の超克」を救済する余地である戦争に協力した知識人の心情と同じものを取り出している。その心情は、近代ヨーロッパの侵略と同時に伝わってきた文明一元論に対抗し、アジアとしての自立しようとする心情であり、しかもその心情は文明一元論者にさえもかつて存在していた（福沢諭吉の場合はそうである）と竹内好は考える。

しかし彼はまた、自己が弱者であるという意識をもった醒めたナショナリストであるから、おなじ弱者である隣国への同情がないではない。心情としてのアジア主義はある。だからこそ金玉均にも援助の手をのべた。だが、彼のいだく緊迫感に照らしてアジア連帯は間に合わない[30]。

「連帯は間に合わない」という福沢の判断に批判を加えることは、至難のわざである。前章では、『アジア主義』に北一輝の文章は編入されなかったことについて触れて、北一輝と福沢の本質的な同一性を論じたが、ここでもう一度北一輝を取り上げたい。彼は『支那革命外史』を書いたとき、中国革命に一つの未来図を託した。

書中革命支那の大統一者を「オゴタイ汗」と名づけた。是れ革命的統一の潮頭に立つ程の大器は、必ず其の馬首を中央亜細亜に進むべき必然を密かに暗示したのである。人口過剰の支那に欠くべからざる土地、則ち「第二支那本部」は中央亜細亜の沃野であらねばならぬ。是れ中央亜細亜に国を建てて、欧亜両大陸を支配した古英雄の名を借りた所以である。ピーター大帝は東に来た。革命支那の大道は坦々として西に通じて居る[31]。

覇権を以て覇権を制する北一輝の考えは、いかにも軍国主義的である。しかし、帝国主義に抵抗するのに連携は間に合わない福沢諭吉と北一輝の間に共通するのは、帝国主義の手法に対する賛同であり、文明一元論という思想的基盤である。

竹内好の論考では、福沢を批判し得る存在こそアジア主義に値するものであるとされている。日清戦争後、日本国家が近代国家として安定した以後のことである。

> 福沢が日清戦争の勝利を文明の勝利として随喜しているとき、したがって福沢が思想家としての役割りをおわったとき、また日本国家が近代国家としてゆるぎなくなったとき、福沢の批判をテコにしてそれが生まれた。その一つは、西欧文明をより高い価値によって否定した岡倉天心であり、もう一つは、滅亡の共感によってマイナス価値としてのアジア主義を価値としての文明に身をもって対決させた宮崎滔天や山田良政の場合である[32)]。

結論は前述した通りである。竹内好は、岡倉天心と宮崎滔天が出会わなかったことで、アジア主義の心情は論理に昇華しなかったと慨嘆した。いうまでもなく、岡倉天心はアジア主義の一環として取り上げられたが、芸術家である彼にアジアを解放する行動を要求するのは、到底無理である。一方、革命の思想建設に積極的だった運動家である北一輝は、西欧文明を「より高い価値によって否定」できず、西欧文明の一元的な性格をそのまま貫徹した。取り残された「心情」の存在は「近代の超克」までにも響いていくことになる。

竹内好は大アジア主義から遡り、1880年代のアジア主義を考察した結果、ノーマンが代表する進歩史家が西郷隆盛を否定的に見ることに、異議を唱えて、日本最初のアジア主義の原型である西郷隆盛に注目したのは前述通りである（第四章第1節）。

ヨコとタテの交差によって定位できるように、竹内好の設置したこの二つの方向は相関的である。西郷と明治政府の革命と反革命の関係は、第二章で述べた辛亥革命と反革命勢力と似たような状況にある。しかし、革命であろうが、反革命であろうが、何かを基準にしなければならない。竹内好が西郷を認めた基準は「ナショナリズム」である。

この主張が出されたことは、「日本のアジア主義」を書いた（1963年）

直前の彼本人の経験と深くかかわる。この経験は、日本のナショナリズムの姿を竹内好に見せ、彼にナショナリズムを追求する動力も与えた。それは安保闘争の経験である。しかし、歴史家に西郷隆盛を肯定的に評価する要請は、逆に批判を招いてしまい、アジア主義も竹内好の望みとかけ離れた軌道にすべり込んだ。批判の先が向かれたのは、やはり「心情」である。

# 第六章　革命とアジア主義

## 1．日本におけるナショナリズムの実像

竹内好がナショナリズム問題を扱うのは1950年代の「国民文学論」から始まった。当時、日本の知識人の中では、ナショナリズム問題は共通の課題であった[1]。前章で論じたように、この問題が取り上げられた論者には、二つの態度がある。ひとつは、戦争までの日本では、ナショナリズムは天皇制のイデオロギーと結合し、極めて悪い意味で理解された。もうひとつは、中国やインドが代表するアジア（のちにアフリカと合わせられるが）における独立運動が、世界中に大きな影響を及ぼしたことを鑑み、アジアのナショナリズムをモデルにして日本のナショナリズムを再建する考えである。

これに対して竹内好は、いわゆる［悪い］ナショナリズムを良い方向に導く可能性に注目した。まず、中国やインドのナショナリズムは革命勢力と結び付くのに対して、日本のナショナリズムは必然的に反動勢力に流される（ウルトラ・ナショナリズム）、とする丸山真男の論述があった。竹内好は、丸山のこの論理を補充し、中国のナショナリズムも反動勢力と結び付くことがあると指摘した。それを踏まえて彼は日本の「よき」ナショナリズムを発掘する方法について、次のように述べている。

> しかし、もしどうあってもナショナリズムを欲するとすれば、どうしたらいいか。ウルトラ・ナショナリズムに陥る危険を避けてナショナリズムだけを手に入れることができないとすれば、唯一の道は、逆にウルトラ・ナショナリズムの中から真実のナショナリズム

を引き出してくることだ。反革命の中から革命を引き出してくることだ。遠山氏の言葉を借りれば、「マイナスの条件の裏に、プラスの条件を述べてゆく、そのような革命的伝統を草の根を分けても掘り起こす」ことだ。それ以外に方法はない。

（中略）

反革命においてさえ革命の契機をつかみだした清末以来の革命者の努力の上に出てきたものである。その典型は魯迅だ。したがって、魯迅の抵抗こそ、今日学ぶべきものである[2)]。

ここで、彼の魯迅を以て日本を考察する方法は、「近代とは何か」から一貫していることが分かる。魯迅が文学者であるように、この時期の竹内好のナショナリズム論は文学界に限定されている。革命と反革命、という選択はすでに過去のものであるため、竹内好のナショナリズム論は歴史の考察と議論に限られていた。だが、1960年、彼の求めたナショナリズムが現実と結び付つく場が来た。それは、安保闘争である。

1959年から1960年にかけて、日米安全保障条約の改定に反対して、大規模な国民運動が行われた。これが、いわゆる60年安保闘争である。運動当初の目標は安保反対だったが、運動自体が高まるにつれて、反対の的は、旧ファシストの象徴である岸信介に移っていた。こうして、安保闘争には「民主主義」運動の要素もみられる。

1959年の「基本的人権と近代思想」という講演をはじめ、竹内好は知識人の一人としてこの運動に参加した。運動の最中である1960年6月2日、彼は「四つの提案」という講演を行い、大きな反響を呼んだ。この「四つの提案」の分析から、安保闘争における竹内好の主張を抽出することを試みよう。

まず、この四つの提案は、①いまこの運動は民主主義と独裁の対決である、②ファシストがやらないことをわれわれがやる、向うがやることはこっちがやらない。具体的には暴力を使う岸政府に暴力を使ってはいけない、③国際関係を絡ませてはならない、④この戦いは容易に勝つが、「下手に勝つくらいなら、この際うまく負けるべきだ」という[3]。

①で、竹内好は民主主義という言葉を使ったが、彼にとって「民主主義」には別の意味がある。

> 告白しますと私は実は民主主義をそれほど信頼しておりません。戦後、民主主義という言葉がはやったこと、どうも疑わしくなる。眉に唾をつけないと聞けないというような天の邪鬼のところがある。文学をやっている人間はどうもそういう天の邪鬼の傾向があって素直になれない。私は、ですから、過去に民主主義ということをあまり筆にしたことはないと思います。むしろそういう風潮が盛んなときには反対というか、反対はしないまでも進んで口にすることはなかった。…民主主義とは何かといえばこれは結局、我々人民の自由ということだと思います[4]。

竹内好は、「「独立と均質と連帯の語感」を表現するに当たり、「民主主義」を避けて「国民」や「民族」を用いていた」[5]。彼にとっての民主主義はヨーロッパで発祥したものではなく、アジア・アフリカの独立運動をもたらしたナショナリズムが象徴する独立精神である。この特別な定義によって、竹内好にとっての安保闘争にはもうひとつ重要な意味が生じた。

> 五・一九闘争を誠実にたたかうことによって、日本国民に一つの自信が生まれた。自らの運命を自力で切り開くことができるという自信である。この自信はアジア・アフリカのナショナリズムに通ずるものである。そして明日の世界を動かす原動力の一つである。日本人は個人としても民族としても、あるべき本来の姿に今立ち返り、運命のカギをわが手中に握ったのである[6]。

つまり竹内好は、日本の安保闘争を通じて、日本が精神的にアジアへ回帰することを期待していた。

③について、竹内好は一切の国際勢力の関与を拒否し、日本における抵抗観の確立を掲げた。

> われわれ日本の歴史の中で、抵抗の伝統というものは残念ながらまだ確立されておりません。私はこの際、この抵抗の伝統・抵抗権というものを確保することだけを目標としてこの戦いを進めてゆきたい[7)]。

そして④については、岸政権を打倒するのは容易であるが、国民の心理を変えることは簡単ではない。

> 岸さんのような人が出てくる根——これは結局、私たち国民にある、弱い心にある、依頼心、人にすがりつく、自分で自分のことを決めかねる、決断がつかない、という国民の心にある、弱い心にある、依頼心、人にすがりつく、自分で自分のことを決めかねる、決断がつかない、という国民の、私たち一人一人の心の底にある——隠されているところのそれを、自分で見つめることがためらわれるような弱い心が、そういうファシズムを培ってゆく、ということを忘れてはなりません[8)]。

以上の分析から、竹内好の主張は以下のようにまとめられる。

第一、国民文学論の時代、竹内好の設定した革命と反革命の状況は安保闘争の時点において、実現された。岸政府はファシストの象徴であり、反革命の役を演じた。安保闘争は、反ファシスト運動である以上、日本の歴史における革命運動になると、竹内好は判断した。この意味では、安保闘争は明治維新と同じ課題に直面している。彼は、安保闘争は明治維新の延長であり、安保闘争によって日本を革新することを考えた。

> 私は明治の血を引いているから、胸のうちに自分に呼びかける声を聞く。「各員一層奮励努力せよ！」[9)]

この呼びかけは、日露戦争のエピソードを通じて、明治維新と現実を結び付けようとする竹内好の心情をうまく表現している。明治維新はかつて日本をゆがんだ「近代化」に導いた、という認識について、彼は二つの近代と課題を設定した時すでに論じた。問題は、如何にして歴史を繰り返さないことができるか。それは、抵抗の力を生み出すことだ。彼は「岸の根」は「私たち一人ひとりの心の底にある」と述べたように、根本的に日本を変えるために、自分を改革し、意識の中に抵抗を植え付けようとする。そうではないと、「既成政党の妥協と取引によって抵抗権の確立が流されてしまう危険があるからだ」[10)] という。

第二、安保条約反対の観点から見ると、竹内好は安保が日中国交回復の障害となることを意識していた。この意識自体は特に特別な考え方ではない。だが、安保闘争の的が岸政府に移った後も、安保闘争を通じて日本が再びアジア・アフリカと結び付くことが竹内好の期待したところであった。彼は、日本と中国の国交回復に不可欠な条件として、日本の独立を強調した。

> 中国の基本的な日本観は、日本がまだ完全独立を回復していない、ということにある。中国の対日政策は、この基本認識の上に組み立てられている。そのために日本人の日本観との間に食いちがいが生じている。国交回復がうまくゆかぬのは、主として政治的理由によるものであるが、その根底には、こういう思想状況の食いちがいがあることを忘れてはならない[11)]。

竹内好は、彼のいう「民主主義」が、ナショナリズム的なものであり、そしてアジア・アフリカにおける独立運動を支える力であると述べた。別の言い方をすれば、竹内好は安保闘争を日本の民族独立運動であると考えているのである。日本がアメリカのコントロール下におかれている「半ば被占領国」である状況は、また明治維新の歴史状況と似たように見える。竹内好には、明治維新の歴史選択によって日本が「脱亜」したことに対し、安保闘争においてこそ日本をアジアへつれ戻すという意識が強くみられる。

久野収がまとめたように、安保闘争の中に「民主主義再建派」と「革命志向派」という二つのコースがあった[12]。竹内好は自分が「民主主義再建派」であると認めた。彼の主張する「民主主義」はナショナリズム的なものであるように、安保闘争のあと、彼が自分に課した課題は「ナショナルなものにつなげて伝統からの投影で未来図を考える仕事」[13]をすることだった。そして、この仕事の中に特に注目すべきことがひとつあった。竹内好は、中国革命と類似したキューバ革命についてこう述べている。

> …史上類例がないといわれるキューバ革命の成功が偶然でない理由がわかった。
>
> 類例がないというのは、西欧型ではないという意味に解すべきだろう。カストロの哲学および軍事方式は多くの点で毛沢東に似ている。ナショナルなものを中核にすれば似ざるを得ないのだ。
>
> 類例がないといえば、明治維新だって類例がないはずである。ただ明治維新は、革命としては失敗したから、そこから革命の理想像を抽出するのが困難になっただけではないか。しかし、われわれは去年[14]の経験で、その手がかりをつかんだように思う[15]。

竹内好のアジア論は、一方では、不断に明治維新を念頭にしており、もう一方では、中国革命との連動として考えている。「近代とは何か」では、理論的に明治維新と中国革命を比較したが、彼の理論建設とナショナリズム体験が深まると同時に、この比較を具体化する条件も備わってきた。しかし、これまでの竹内好研究は、1960年代以降の竹内好について殆ど言及していない。「安保闘争の終焉後には、彼は急速に論壇の表舞台から退き、もっぱら魯迅の研究に没頭したあと[16)]」、1977年にガンで死去した。これは、多くの論者の間にほぼ共通認識となっている。安保闘争中大学教授を辞めることでマスコミに大いに取り上げられ、「売名」だと中傷されたことさえも経験した[17)]竹内好は、急に姿を消したわけではなかった。小熊英二によると、1960年代から、「反近代主義者」として竹内好が若い世代に評価されはじめた。

> 1960年代以降には、全共闘運動のなかから「戦後民主主義」や「近代」への批判が台頭し、竹内は三島由紀夫などとならんで、「近代主義＝戦後民主主義」を批判した民族主義者であるといった評価も現われた。戦争の時代はもちろん、1950年代の事情もよく知らない若者たちは、戦後において竹内だけが突出して「民族」を唱え、「近代主義」を批判したのだと考えがちであった[18)]。

民族主義者という評価は、竹内好が行ったアジア主義研究と深く関連する。しかも、1960年代、大東亜戦争評価をめぐる論争が起こり、大東亜共栄圏の思想史的な意味など議論が盛んになった。これらの動向に、竹内好はすべてかかわっているわけではないが、彼が発掘したアジア主義と深く関連している。1960年代アジア主義をめぐる言論について検討していきたい。

## 2．七年間の報告：1960 年代

安保闘争の勢いは岸信介の退陣により、急速に衰退した。ファシスト打倒という目標は達成できたが、安保条約は既成事実として受け止められた。竹内好の期待した「抵抗」と「独立」は、安保条約締結を阻止することができなかったし、日中国交回復も当然達成できなかった[19)]。岸内閣に代わって登場した池田内閣は、経済中心の政策をとった。これに伴い、安保論の代わりに経済論が盛んになった。

1961 年 1 月から、竹内好は 7 年間連続で『週刊読書人』に年間報告の形で寄稿し、彼の活動や時代に対する見方を記した。この七年間の報告を通して、竹内好の思想動向を掴むことができる。

7 編の報告の中に、以下三つの問題について言及されている。

①安保闘争の問題。安保闘争後の一年、竹内好はこの運動から国民が独立闘争の経験を獲得したことを重んじ、将来に対して楽観的な希望を示した。

> 新安保条約の成立（法的および政治的に疑義があっても事実そして成立を認めざるを得ない）によって、反対運動の効果を除外していえば、安保体制は強化された。それだけ国民生活は制約を蒙り、不十分ながら国民的規模での抵抗の経験を始めて身につけた、とはいえ、他の何物にも代えがたい収穫だった。人民の抵抗こそ、制度としての民主主義を含めて、すべての創造の源泉である[20)]。

安保闘争の結果に対して知識人の反応は様々である。安保条約の自然承認で敗北感を喫した人は当然いたが、丸山真男のように、運動の中で民衆の中にあらわれた「秩序意識と連帯感」を評価する人もいる[21)]。丸山真男が重視したのは、「近代的な人間の素質」であるが、評価の仕方において竹内好と違った。すでに分析した通り、竹内好にとって、安保闘争は現に日本で進行中の革命だった。この革命が失敗に終わったとはいえ、竹内好はすぐに失望に落ちていたわけではなかった。彼が求めたのが安保闘争の勝利という結果だけではないからである。彼の近代化の型論のなかに述べたように、真の革命は、中国革命のように失敗を繰り返し、反革命と革命の対決のなかで成長するものだという。この意味で、60 年代安保条約の成立は革命を育てる理想的な結果である。竹内好は安保に対する支持と反対の両論派の論戦を期待した。

> 希望条件は、分類をあまり単純化しないこと、また反対派を討論にさそうことである。前者は説明を要しない。後者で反対派というのは、実例で示すと福田恆存（『常識に還れ』)、江藤淳（『日付のある文章』）などである。彼らの「進歩的文化人」ヒヤカシには聴くべきものがあるし、それに耳をふさげば国民運動という評価が成り立たなくなって、自己矛盾におちいるからである。いわゆる「民主主義派」は、安保討議を先へ延ばすことを条件にして抵抗の総力結集を呼びかけたのであるから、今になって条件つき安保賛成論者を排除するのは理にかなわない。むしろ、今こそ安保論議を復活すべきであろう[22)]。

七年間の報告の中で、安保闘争に関する言論は、一年目にしか見られなかった。安保闘争が革命であれば、過去にこだわるより、革命をいかにして延長させるかが、真の思想的な課題である。竹内好は自分に課した任務は、以下のものである。

> 私はネーションを固執したい。ナショナルなものを大事にし、ナショナルなものにつなげて伝統からの投影で未来図を考える仕事をつづけてゆきたい[23)]。

つまり、安保闘争の問題は、ナショナリズム問題として引き継がれていた。

②明治百年祭の問題。ナショナリズムに固執する努力の成果の一つは、1963年のアンソロジー『アジア主義』である。そして、竹内好が「近代とは何か」と「日本のアジア主義」の最後に述べたように、日本の革命の源泉を探り、アジア主義を再評価するにあたっては、不可避に明治維新の思想史的な位置にかかわってしまう。

竹内好は、安保闘争の最中に、明治維新百年祭を最初に提唱した一人であった。

> 私は一つの提案をしたい。1968年を目指して、論壇が共通の課題を設定すること、その課題は、明治維新百年を祝うべきか祝うべきでないか、祝うとすればどういう形で祝うべきか、ということである。私の希望をいえば、私は明治維新百年祭を「黄金の60年代」の一大行事にしたい[24]。

1961年から三年間、竹内好は積極的に明治百年に向けて思想的な準備を行おうとしたことは、報告の中から確認できる。しかし、四年目の1964年の間に、竹内好の思いには少しの変化が見られた。

> 今のような明治物の流行現象がおこることを私は予想していなかった。薬がきき過ぎた感がなくはない[25]。

恐らく明治物の流行現象は、今日までもテレビドラマで演出され続いているように思う。さらに、六年目の報告では、竹内好は自ら提唱した明治維新百年祭を、「できれば提案を取り消したい」[26]と言い出した。結果として、「明治維新百年祭」は彼の希望と違う形で行われたことになる。

> 「明治百年」は国家行事となり、文部省版権御所蔵の『期待される人間像』は公刊され、2月11日祝日案は晴れて陽の目をみ、勲章は濫発された[27]。

竹内好の考えとしては、反政府運動としての安保闘争から抽出された民衆的な抵抗の希望は、明治維新を記念する思想の潮流に託された。しかし、この抵抗の希望は、再び政府に吸収される結果になったといえよう。1968年、「明治維新百年祭典」は国家事業として大いに行われた。竹内好はこの祭典と全く無関係である。しかし、本来竹内好が期待した明治維新百年を通じて何を得ようと考えたか、次節で検討を加えたい。

③中国革命の問題。1962年中ソ論争が起こり、1964年中国の核実験が成功する。更に1966年から文化大革命ははじまり、1960年代の中国は世界の注目を浴びつづけた。安保闘争のなかでも中国革命への注目を呼びかけた竹内好は、1963年に主催する「中国の会」で雑誌『中国』の創刊号を出版し、人民中国を紹介する事業に取り込み、自らも多くの紹介文章を書いた。竹内好は、これらの業績を、魯迅の翻訳と合わせて、「私的」な仕事と称して、報告に記した。この上、「ネーションへの固執」と呼応するように、竹内好は自らに以下の思想的任務を課した。

> 日本人は、方法をもってすればそれ（植民地革命の過程：引用者注）が理解できる。その方法は、明治維新と、維新の一結果である明治国家を追跡することによって発見されると思われる。明治維新と中国革命とは、一面連続、一面断絶の関係にあるので、もしその連続面を取り出して理論化がなされるなら、植民地革命の一般理論をつくることも夢ではないかもしれない[28]。

アジア主義は日本の近代化以来のアジアに対する関心を示したが、明治維新と中国革命の思想的な連続はどこにあるかについて、次章で議論することにする。

以上、七年間の報告分の中の重要問題をまとめた。この報告は本来であれば、1960年代を展望・総括するものであり、10年間連載し続ける予定だったが、1967年の七年目に終わりを告げた。原因の一つは、竹内好の健康事情であったが、もう一つは、彼は一種の絶望の感情を見せたのである。

> 亡国の民は、亡国の歌をうたうよりほかになすことがない。すなわち一句、古人に借りていわく、我ときて遊べや親のない雀。
>
> 地火はあるだろう。地火が絶えることはあるまい。しかし、地火の噴出をこの目で見ることは断念するほかないように思う。雀と遊ばんかな[29]。

地火は竹内好のいう民衆の中に潜まれた革命の力であろう。安保闘争は地火噴出の兆しであったが、噴出ではなかった。「亡国」といういい方はいかにも過激であろうが、竹内好をそこまで絶望にさせたのは、なんであろうか。明治維新百年祭を提唱してからその提唱を取り消すまで、すなわち、明治維新の評価をめぐる議論の中に、この絶望の原因が窺える。

## 3．アジア主義と大東亜戦争肯定論

1963年、竹内好は『アジア主義』を編纂した直後、林房雄は9月から『中央公論』で「大東亜戦争肯定論」の連載を執筆し始めた。「大東亜戦争（太平洋戦争）は百年戦争の終曲であった」[30]という独特な発想で世の中をにぎわせた林は、幕末時代に「西力東漸」に対する思想的反撃を図った思想家まで遡り、「考える」日本人像を描こうとした。

「考える」日本人の反対側には、林房雄は戦後民主主義論者を想定した。彼は、戦後進歩的知識人が、戦前日本をドイツのヒトラーとイタリアのムッソリーニに因んで、日本の右翼と軍部をファシストと規定し、日本におけるファシズムの存在を信じることに反感を示した。

> マルキシズム系の文書だけではなく、いわゆる進歩的学者諸氏の著書を読んでいると、「天皇制ファッシズム」「軍部ファッシズム」「右翼ファッシスト」などという用語がふんだんに出てくる。日本にもムッソリーニ・ヒットラー流のファッシズムが存在していたこと、その主力は軍部と右翼であり、その頂点に天皇が位し、日本国民をあざむき、強制して「無謀な戦争」に巻きこんだということを、これらの進歩人諸氏はほとんど先験的に信じこんでいるようだ[31]。（傍点原文）

さらに、林房雄は、進歩知識人は東京裁判に迎合していると批判を行った。すなわち、いわゆる進歩的な知識人は戦勝側によって強制的に貼り付けられたレッテルにそのまま服従したと批判した。

> と言っても進歩的学者諸氏がこの俗説の発明者であるとは私は思わない。発明者はアメリカ、イギリス、ソ連を始めとする当時の連合国側であり、第二次世界大戦は彼らによって「ファッシズムと民主主義の戦争」だと規定され、後者の当然な勝利によって終結したと説明され、理論づけられている。日本の進歩学者諸氏はこの連合国側の俗耳に入りやすい戦争イデオロギーまたはスローガンをそのまま受入れただけであって、要するに、優秀な俗耳の持主はまず彼ら進歩学者諸君であったということになる[32]。（傍点原文）

林は、明治維新以来、日本に存在した右翼勢力は、ドイツやイタリアのファシズム政権と違って、政権奪取した動きがないことを書き綴った。また、日本の右翼思想は、ヒットラー政権獲得の1933年とムッソリーニローマ進撃よりはるかに早い1880年代に形成したと論じ、ファシズムという概念が取り入れられた不都合を見出そうとした[33)]。

東京裁判への異議申し立てをした同時に、かつて日本は戦争を起こした行為にたいする合理的な説明は自然に求められる。林房雄は『大東亜戦争肯定論』の中で数回にわたって竹内好の「日本のアジア主義」を引用した。林房雄は日本が行った戦争は欧米列強へ抵抗するためにやむを得ずに行ったものであると主張したことはよく知られている。ここに注目したいのは、林房雄は竹内好の「アジア主義」を自分の論理に取り組めたことである。例えば、アジア主義者について林は以下のように描いた。

> 敗戦の虚脱とおしつけられた罪悪感からぬけきれぬ人々の目には、大アジア主義者といえば、とんでもない侵略的で犯罪的な大陸浪人の一党のようにうつるかもしれぬが、これは岡倉天心流に言えば、『アジアは一つ』の理想に身をささげた志士たちの一団である。この人々は来るべき世界のために有色人種の解放戦争を用意した[34)]。

本来、「アジアは一つ」はスローガンと化し、日本が西洋と対抗する「正義性」を説くため、大東亜共栄圏に悪用されたことは事実である。林房雄は、竹内好は岡倉天心をアジア主義の理想的な理論型であるという論断を利用したといえよう。しかし、竹内好が説いた「心情」と「論理」が出会わなかったという結論は、ここで明らかに無視されている。このように、林房雄の抵抗と竹内好のいう抵抗は異質なものである。まず、アジアとの連帯心情を探る竹内好の論旨は、戦争の合理性を証明しようとする林房雄の目的とは違う。安丸良夫の批判を借りると、林房雄の論理は一種の国家エゴイズムであるいう。

> 林氏の日本近代史のとらえ方が、「西力東漸」とそれに対抗する

> 「東亜百年戦争」という考えであることはよく知られている。そのさい林氏は、「東亜百年戦争」には植民地主義に対抗してアジアの解放をめざす意図がふくまれていたけれども、現実に貫いたのは日本の国家エゴイズムにほかならなかったと考える。その立場から、氏は、「ナショナリズムは、民族的エゴイズムの強烈な発露である。その（日本のナショナリズムの）対象とされた朝鮮にとっては迷惑至極なものに相違ない」とのべている。アジアの解放という美辞麗句のもとで現実がなんであったかを林氏も知っている。しかし、その現実に居なおるところに林氏の本領がある。すなわち、歴史を動かしている原理はただひとつ、ナショナリズム＝民族エゴイズムであり、どのような美名のもとでもその本質は変らない。「正義」も「人道」も、「デモクラシー」も「コミュニズム」も、民族エゴイズムの仮面にすぎない[35)]。

座談会「近代の超克」でも活躍し、「印度は滅び支那も破れたが、日本だけが西洋の波を喰いとめ得」て、「然るにヨーロッパに対抗して生きのびるためには、実用的意見に於けるヨーロッパ文明を受け入れなければならなかつた」という林房雄は[36)]、戦後になってもなお西洋に対する抵抗を諦めていない。林房雄の「大東亜戦争肯定論」は世論をわき起こし、皇国主義史観の復活である、あるいは事実を無視する暴論である、というような激しい批判を招いた。肯定論の国家エゴイズムの独善的な性格は、戦争のアジアに対する侵略的な性格を隠蔽してしまう。これについては、林房雄の『大東亜戦争肯定論』の出版前に、すでに上山春平によって批判された。

> 林房雄氏は、本誌に連載された「大東亜戦争肯定論」にて、大東亜戦争をアジア民族の解放戦争と見る見地を提出されたが、私は、植民地解放戦争と見るよりは、むしろ植民地再編成をめざす戦争と

見る方が事実に即しているように思う[37]。

上山は大東亜戦争を肯定する林に論述には、戦争の侵略的な性格を隠蔽し、帝国主義同士の戦争という観点を落としていると指摘した。竹内好も上山の観点に同意するという。

> 百年間をひとまとめにした日本近代の再検討という課題の領域では、収穫といえるかどうかは未定だが、林房雄氏の「大東亜戦争肯定論」（『中央公論』九－十二月）が話題を投げた。少なくとも人さわがせの効果は確実にあげた。これは歓迎されるべきである。仮説の提出は大胆であってよろしい。もっとも私は林論文の論旨には賛成しない。上山春平氏の批判の方に賛成する。
>
> …
>
> それから私の編で筑摩書房の『現代日本思想大系』の一冊として出た「アジア主義」も、手前ミソだが、思想史の整理方法について新見解を提出したつもりである[38]。

言説が乱用された竹内好は、侵略的な性格を隠蔽する林房雄の肯定論を批判した論文をほとんど残していない。逆に、肯定論を歓迎するという彼のスタンスは、いささか不可解に思える。しかし、同じく大東亜戦争の思想史的意義を提起した上山の論文の中に、竹内好が期待したものは足りなかったことから、逆説的に竹内好が「歓迎」を示した理由が見つかる。上山は、明治維新における日本の選択をこのように捉えた。

> 明治維新から大東亜戦争にいたる開国日本のコースが、ほぼ的確にえがきだされている。
>
> 開国にふみきることは、封建制の廃棄→産業革命→後進国の侵略→先進国との衝突というコースを、ほとんど論理的な必然性をもっ

て含意していたのである[39]。

上山は、歴史の選択としての明治維新は、最初から日本の侵略のコースを決めたと考える。林房雄に対する批判は一致しているとはいえ、アジア主義において本来連帯を図る「心情」を孕むという竹内好の意見は上山の侵略必然論と違うのは明らかである。竹内好の「心情」の位相において歴史を考察する姿勢は、林房雄と共有しているように見える。

竹内は、林房雄を批判するより、林の欠点を独自の視点で指摘した。

> 私の印象では、林氏には中国史の知識が乏しく、中国民衆への共感が欠落している。これは戦争中に中国へ渡った既成知識人にほぼ共通の盲点である。彼ほどの明敏な頭脳にその自覚がないのは惜しい[40]。

本書第五章で取り上げた竹内好の大川周明に対する批判を想起してもらいたい。竹内は、大川周明はアジアの民族的な力を無視したと評したが、この評は、まさに林房雄にも適用されることは、容易に理解できるだろう。林房雄の『大東亜戦争肯定論』は、戦前のアジア主義を欠点まで継承した議論であるように、竹内好の目に映っているのではないか、と筆者は考える。林房雄の肯定論に見られる進歩主義史観に対する批判は、本来1950年代に登場した竹山道雄の保守的な議論と重なる部分があるが、肯定論には新たに「抵抗運動」という要素が加えられている。この要素こそ、「心情」のひとつのあらわれだと考えても良い。林房雄の肯定論を問題視しないといけないのは当然であろうが、竹内好の場合は、林房雄を通じてアジア主義の問題性を大いに議論する可能性を見込んでいるのである。

竹内好と林房雄の論説の中に見られる、西南戦争や征韓論に対する関心で共通ある。竹内好自身が提唱した明治百年祭と合わせるように、当時時代的な話題にもなりつつあった明治維新の再評価問題は、自然に議論の中心となった。竹内好は明治維新百年に向けての思想的な準備の一つとして、歴史を再評価する新しい方法論を提出することを重視した。

> …明治国家を生み出した源泉をさぐること、言いかえると、明治国家を対象化できる方法を発見すること、これが維新百年を記念する意味である。
>
> 戦後民主主義は、それなりの成果はあったが、こういう歴史整理の方法としては、まず不適格であった。それは歴史を切断することによって、かえってそれみずからの成立根拠をあやふやなものにした。戦後民主主義が一般理論たりえないのは、二十年間の実績が示している。われわれは、それに代るものを求めなくてはならない。
>
> たぶん、その試みの一つが、いわゆる近代化論だろう。そして近代化論は、このところ花盛りである。ロストウやライシャワーは論壇の一部、とくに文化フォーラムの陣営に歓迎されている[41)]。

こうしてみると、林房雄と竹内好は戦後民主主義の欠点に対する認識を共有している。また、竹内好が言及した「近代化論」は林房雄も意識している。

> その思考の結果が人それぞれによって右または左に傾きがちなのは、現在日本のおかれている国際的環境のやむを得ない、または悲しむべき作用であるが、もしそれらの人々が真の思想家であり、職業的反共産屋または賛共産屋でないかぎり、討論を通じて、「一つの日本人の思想」を生み出すことができると私は信じている。現実には、これははかない望みであり、そこに到達しない前に日本は二つまたは三つにひき裂かれてしまうかもしれぬが、私はこの統一の可能性を信じたい。それが私の「大東亜戦争肯定論」の希望なのだ。

> 幸いに現在の私は「ライシャワー路線」にも「フルシチョフ・ライン」にも「中共ロビイ」にも無縁である。この一つの希望のみにたよって書きつづける[42]。

1960年代は、周知のように高度経済成長期である。高度成長に伴い、社会変動が急速に進んでいた。戦争を反省するよりは、多くの戦後知識人によって否定された日本のイメージから抜け出して、日本を否定する戦後民主主義の理論に対する反抗として、近代化論は行われた。加えて、「ライシャワー路線」と呼ばれるアメリカ政府の働きかけは、この動きを加速させた。

> 近代化という概念のもとに日本の経験をとりあげたわれわれの意図は、日本の最近百年の歴史に対するなんらかの非政治的な、イデオロギーにかかわりない評価手段とアプローチ法を考え出そうとするのにあったことが、明らかになることと思う。それはわれわれが個々の信念として、政治上・イデオロギー上の健全さというものについての判断基準をもち合わせないからではない。日本の進歩を評価し、それを他の同様に比較的短期間のうちに近代的展開を果たさねばならなかった国だの進歩の様態と比較するための、なんらかの公平な、おそらく数量的であってさえよい、手段を見いだそうとするのがむしろわれわれの意図だったのである。そうすることによってのみ、太平洋戦争以前からの近代日本論のいちじるしい特徴であった、繰り返しが多くてよく循環論法に陥る「日本の失敗」論を、抜け出ることができるようにわれわれには思われた[43]。(傍点引用者)

アジア学会（The Association for Asian Studies）に属する近代日本研究会議（Conference on Modern Japan）が企画した叢書の序文に、

1960年の箱根会議以降における日本近代化論登場の経緯は見えている。急速に進められた日本の近代化の解釈を探求する動きは、明治維新を積極的に取り上げる可能性をもたらしたが、竹内好は近代化論による明治維新の新しい解釈を期待していなかったという。

> 問題は、近代化論が、日本の近代化を説明するように、それとおなじ指標とおなじ論理を使って、他のアジア諸国、とくに中国の近代化を説明できるか、ということだ。私はこの点疑問なきをえない。世界が等質な、量的に比較できる単位によって構成されている、という前提の点では、近代化論も唯物史観と変らない。ただ一方が、歴史の連続を強調し、他方が断絶の契機を重視するという差があるだけだ。したがってどちらも、中国流の永続革命を包括的にとらえることはむずかしい[44)]。

竹内好はこの発想に基づいて、『大東亜戦争肯定論』の位置づけについて以下のように指摘した。

> 林房雄氏の『大東亜戦争肯定論』は、惜しいかな、こういうアプローチを欠いているために、一般理論化はむずかしいように思う。維新百年はせっかくのチャンスなので、もっといろいろの思想的冒険が試みられて然るべきだろう[45)]。

竹内好は、林房雄のものは一般理論化できないと指摘した同時に、議論は『大東亜戦争肯定論』にとどまらないよう、注意を呼びかけた。彼は、林房雄に中国に対する視点がないと述べた。実際、『大東亜戦争肯定論』には、中国革命も言及されている。林は、中ソ論争は中国に進行している反抗とみなした。

今度のソ連との決裂も長い歴史の目で見れば、中共政権のためにプラスだと私は考える。中国はいかなる国の「衛星国」であってはならない。蒋介石の国民党政権が支那国民の政府になりえなかったのは、それが完全な「英米路線」の上に立っていたからだ。中共はその逆を行って、中国を手中におさめたが、いつまでもソ連の「兄弟党」であり、「衛星国」であっては、中国人の党としては不完全である。早晩、独立の党であること、「ケネディ路線」とも「フルシチョフ路線」とも関わらないことを自ら示さねばならぬ「宿命」を持っていた。これがソ連と中共の激突の真因である、と、私は考える。

中共は現在ようやく「明治維新」の線まで到着したのだ。これは毛沢東氏も周恩来氏も、日本からの訪問客にもらす言葉だそうだ。多少の外交辞令も交じっているかもしれぬが、半分以上は本音であろう。中共は「ケネディ路線」をまず排撃し、やがて「フルシチョフ路線」からも離れて、「大攘夷」の道を行く。おのれ自身の道を行く。明治維新の後に日本にふりかかった苦難は、中共にとっては、これより始まる。毛沢東が乾隆皇帝流の侵略の夢を抱いて「大征服」と「大遠征」の冒険をおかさないかぎり、この苦難を切りぬけることができるであろう[46)]。

ここでは、林と竹内の相違が端的に現れている。林の考え方は、中国こそ抵抗によって自立を成し遂げたという竹内好の所論と正反対にみえる。しかし、竹内好の問題関心は、このように中国に、あるいはアジアに関連性を持つ明治維新の像であるのは確かである。林房雄の議論には、アジア主義的な議論につながる問題点が存在し、そこからさらに議論を深めるべき、と竹内好は考えたのである。とはいえ、竹内好は林房雄と決して一致するわけではなかった。

しかし、竹内好の意図に反して、アジア主義をめぐる議論は正面から取り上げられなかった。竹内好が明治維新を評価した仕方は、林房雄の侵略隠蔽の性格とセットされ、批判の俎上にあげられた。ここでは竹内好と直接議論を交わした遠山茂樹の批判を典型として取り上げる[47]。

> 今日の思想状況の中で、（竹内好の考案した「侵略主義と連帯意識の微妙な分離と結合」[48]は：引用者注）林房雄氏の『大東亜戦争肯定論』や葦津珍彦氏の『明治維新と東亜解放』の所論とどこがちがうのか、それへの批判ぬきに、西郷隆盛から内田良平にいたる「東亜共栄圏の思想」を受けつぐべき思想的伝統とも説くことが、読者に対しどんな責任を負うことになるかの自覚なしに書かれたとしたら、あまりにも無責任である。われわれが求めているアジア・ナショナリズムへの自覚やアジアの連帯の意識を戦後の情勢の変化といった外から与えられるものとしてではなく、内の自主的な意識の成長として、歴史の伝統の中から発掘しようとする意図から出たことを理解できるとしても、論述の内容はその意図からまったくかけへだたっているし、意図のゆえに、その所論の社会的役割の責任はまぬかれることはできない[49]。

> （竹内好に対して：引用者注）意図が手段の評価を何ら保障しない。…侵略の手段をとったか、それへの抵抗の手段をとったか、表面の意図では、同じ志向があらわれていても、手段のいずれを選択したかで、「好意」を客観的な善意たらしめる本物の思想・意識と、「好意」が悪意になり、しかもその責任を自覚しえない、ニセモノの思想・意識との間の区別が、厳密に問われなければならない[50]。

実は、遠山は竹内好が汲み上げようとしたものを「好意」と表現したことは、正確ではない。本来竹内好が使った「心情」は、「好意」であるかどうか保証されないものである。「心情」を「好意」だと無意識に再定義した遠山の好意は、歴史に一定の価値判断を加えなければならない限界を却って示しているのである。竹内好が「心情」から歴史を再評価する可能性を見出す立場と、到底相容れないのである。遠山茂樹は「学者の社会責任」という角度から、「侵略」というマイナスの行為からプラスの評価をつけることを危惧した。これに対して、竹内好は遠山茂樹に以下のように答えた。

> 私は逆に、連帯と侵略の二分法の妥当性を疑うことから出発しているのだ。そのことは『アジア主義』解説の最初のところに述べてある。…私の問題は、連帯と侵略の組み合わせの諸類型を考えることにある。類型を考えたうえで何をするか。そこまではまだ考えていないが、たぶん遠山氏の期待するような「現代的意義」は出てこないだろう。しかし未来的意義は大いにあるつもりだ。それがなければ励みにならない。私は私なりに神を信ずる。遠山氏の神がカトリック的なのに比べると、私の方は、より危機神学的な神ではあるが。これが私の党派性だ。
>
> たぶんこのことは、突き詰めていくと人間観および歴史観（または歴史像）のちがいに行きつくだろう。遠山氏において、人間は動機と手段の区別が明瞭な、他者によって丸ごと把握できる透明な実体であるし、私にあっては流動的な、状況的にしか自他につかめぬものである。歴史もまた、遠山氏には重苦しい所与であるし、私には可塑的な、分解可能な構築物としてある、というちがいがあるように思う[51)]。

遠山茂樹が描いた明治維新は、絶対主義権力の形成過程である。彼にとってこの歴史を否定することなしには、戦後の新しい歴史認識は形成されない。遠山の観点から見れば、竹内や林、さらに日本の右翼がそろって貴重視した西郷隆盛は、アジアに対して侵略を図る権力者である意味で、明治政府を主導したグループと根本的に違わない[52]。

しかし、竹内好の場合は、歴史を過去のものとしてみるよりは、むしろ現在は過去の投射として把握している。現在にあらわれた思想の動向を、歴史的に読みなおすことによって新たに構築する可能性を探る努力こそ、竹内好が考える思想の課題である。遠山の歴史は、事実としての「侵略」であるに対して、竹内好にとっての歴史は「心情」であり、この「心情」から複雑で立体的な歴史を構築しようとしたのである。

本章第２節で述べたように、竹内好も日本政府が明治維新再評価の発言権を独占することに、抵抗感を示した。この点について、遠山茂樹も共通している。遠山のいう「今日の思想状況」とは、前述近代化論の流行がもたらした日本社会の保守化を指している。遠山自身は、ナショナリズムへの対応において、竹内好から多く学んだと認めている[53]。にもかかわらず、遠山茂樹は、竹内好を林房雄と同罪したのは、日本政府の動きに対する強烈な警戒感と不可分である。

> 日本帝国主義の復活として安保条約締結の情勢に呑み込まれることも起こりかねない。経済の高度成長の謳歌と大国意識の強調、愛国心とアジアに対する思想的使命の提唱、歴史教科書の検定は、明治以後の工業化の達成と国際的地位の向上に重点をおけと強制し、「大東亜戦争」の挙国一致と東亜解放の理想を書けと指示する。この数年間の思想状況を巨視的にとらえるとき、こうした権力側の発言にそう方向が論壇でも強まっていることは明らかである[54]。

本書第四章で論じたように、竹内好のアジア主義研究を可能にしたのは、知的な探求の態度として、「正しさ」へのこだわりを解消したからだ。彼は、林房雄、そして明治維新百年祭へ期待を寄せ、「正しさ」にこだわらずに、思想の衝突という運動の中から新たな思想の創造を図り、アジア主義の心情を掬い上げようとした。しかし、竹内が望んでいた論争の基盤は成立しなかった。一方、学問的な方法論の違いが存在するが故に、遠山茂樹が代表する左翼の知識人は、この論争の前提である「心情」の可能性を受け止められなかった。もう一方、体制側の明治維新に対する強力なイデオロギー操作に直面するとき、知識人の抵抗は失敗に終わらざるを得なかったといえよう。

## 4．二つの「明治百年」

結果として、当初竹内好が期待していた「明治百年祭典」は、濃厚な国家主義の色に染められ、国家行事として盛大に行われた。「明治百年」をどのように祝うかについて、以下のように規定されている。

１、明治は世界史にも類をみぬ飛躍と高揚の時代である。…

２、この 100 年間、わが国民には、世界を鼓舞した壮挙もあれば、顧みてただすべきあやまちもないとはいえなかった。しかしながら、この時期に先人の築き上げた基盤が政治、経済、文化その他すべての面にわたってどのように偉大で強固なものであったか。それは、このたびの大戦禍にもかかわらず世界の奇跡と驚嘆されるまでに急速に復興し繁栄している日本の現状が、なにより雄弁にもの語っている。…

３、これまでわが国民を鼓舞してきた「欧米に追い付き、追い抜く」という目標も、ある程度まで達成された。したがって、先進諸国の文明を吸収し、これらの諸国を追うことで足りたわが国は、いまや、発展途中にある隣邦友邦諸国から指導と援助を求められる立場にもなってきている。

他面、高度化した物質文明が自然と人間とを荒廃化させるという傾向が顕著となってきているので、いまこそ久しく顧みられなかった東洋的、日本的なよさが再評価されるにふさわしい時期というべきではないだろうか。

4、内外の諸情勢とわが国の国際的地位は最近とみに変化し、われら日本国民には、新たな創意と覚悟とが要請されている。…
5、われらは、過去の事績を顧みるにとどまらず、その遺産である経験と教訓とを現代に生かし、国際的視野のもとに新世紀への歩みを正しくかつ確固としたものとする決意を明らかにしなければならない[55)]。

明治百年を祝う行事は、このような指針のもとで行われた。明治維新を祝うのは、単なる歴史を記念する行事ではない。歴史を記念することは、体制に統一するようなイデオロギーを新たに作り出す役割を果たした。安丸良夫はこの明治百年祭を以下のように分析を行った。

長期的展望からいえば、現在支配階級が試いているのは、戦前の天皇制イデオロギーにかわるあらたなイデオロギー支配の体制を樹立することである。あらたに樹立されようとしているイデオロギー支配の体制は、いまのところ、近代化論をふまえたあらたな国家主義と規定できるように思う。そのことは「明治百年祭」準備会議における佐藤栄作首相のあいさつや「明治百年祭」の理念をあらわす「明治百年を祝う」という有名な文書をみれば明らかだと考える。すなわち、それらはいずれも、その前半部では明治維新以来の日本近代史が経済成長において謳歌され、後半部あるいは最後の三分の一ほどで現代日本の精神的荒廃を概嘆して伝統的精神主義の再生を主張している[56)]。

明治百年は、過ちをも含めているが、文明開化の百年としてとらえられていることは明らかである。竹内好は、アジア主義の中で提起した「西南戦争を革命とみるか、反革命とみるか」という問題の視点は、明治百年祭に当然ともいえるほど問題にされない。日本各地に「明治の森」と名付けられる公園など公共施設は新たにつくられ、「近代化」建設を加速した。さらに、アジア近代史研究所や国際文化交流センターの設置など、世界的貢献と東洋伝統の発見は指針通りに進行された。

安丸の意見に沿うと、「明治百年祭」は近代化論と日本伝統精神へ復権要求の結合である。この文脈の中で大東亜戦争肯定論を批判するなら、当然エゴイズムという一面しか取り扱われない。林の自分は近代化論ともソビエト派とも属さないという弁明は、詭弁にすぎないようにも見える。しかし、国家レベルの行事と違う位相で祝われた「明治百年」は、近代化論に取り残された明治百年祭の中身を提示してくれた。

> うちには、二百数十年にわたる徳川幕府の封建支配の矛盾が表面化しつつあるなかで、外からは、西洋諸国の植民地主義の大波が、わが国にも押し寄せてまいりました。この激動する時の流れの中にあって、真に日本の将来を憂う人たちが、自らを捨て、家族を顧みず、生命を賭してなし遂げたのが明治維新でございます。
>
> それから百年、いろいろの批判もありましょうが、とにもかくにも、短期間のうちにわが国が西欧先進諸国と肩を並べるまでに至った礎は、この明治維新であることに疑いを容れません[57]。（傍点引用者）

明治百年祭にあたって、アメリカ大使館広報文化局は「日米文化交流の百年」を出版し、日本政府による文明開化の百年という主張に呼応したように見える。近代化成功物語としての明治維新の中身には、「西洋諸国」や「植民地主義」などの文字はすべて消されている。これに対して、岡山県高梁市玉川小学校に行われたこの民間式典では、近代化論によって支えられた日本政府が主催する明治百年祭典における発言に一か所でも見つけられない内容が記されている。すなわち、「西洋諸国の植民地主義」という文面である。先進[58]国と肩並びになった事実と「高度化した物質文明が自然と人間とを荒廃化させる」状況で、東洋的なものを見直すという政府の指針は、抵抗運動としての明治維新を見事に書き換えてしまった。日本はみずから近代の模範となすべき政府の姿勢は、竹内好が洞察した福沢諭吉の文明一元論が日本社会に浸透した状況を象徴した。文明一元論は一つの頂点に達したように見える。

竹内好が発掘しようとしたのは、こうした対内と対外の抵抗としての明治維新の精神である。日本政府に謳われた明治百年へ賛歌に対して、遠山茂樹は警戒感を示し、「侵略を手段とする「連帯」の思想、「同情」の意図からする侵略への協力、侵略を侵略と意識できず、東亜解放の志と自負する帝国主義思想の頽廃を生むのである」[59]と述べた。安保闘争の経験をどう生かしていくか、同時代の知識人として、遠山茂樹は竹内好と同様な問題関心を持っている[60]。しかし、遠山は歴史が動かしている実感を克服し、安保闘争の経験を「早急に理論化する」ことを拒否した。歴史学者としての客観的な立場を保つためである。竹内好が「近代の超克」から発掘し、「日本のアジア主義」に再発見した「心情」は主観であるが故に斥けられた。

アジア主義の出発点である明治維新は、日本政府によって吸収され、体制側のイデオロギー創造に利用された。取り残された心情は、「欧米諸国の侵略に対抗し、洗脳された戦後日本人を喚起する」というモチーフを求め続ける右翼の論客によって、延々と語りつづけられてきた。林房雄もまた、戦後において、このような独善的な語りの嚆矢となった。

一方、失望した竹内好は、1966年に自分の発言を三冊の評論集としてまとめて出版し、評論界から身をひいた。しかし、竹内好は完全に諦めたのではなかった。彼は、自ら日本の明治維新からアジアとの思想的な接点を探求し、明治維新と中国革命の比較を試みた。しかし、時代の混乱は彼に大きな障害をもたらした。彼が持っている「心情」は、やがて中国への対応の中で混迷し、戦前的なものに後退したのである。

# 第七章　明治維新と中国革命

## 1．明治維新と孫文

明治維新と中国革命を比較することは、竹内好の生涯にわたる重要な課題の一つである。その論述は多数の文章に散在している。これらの比較をまとめたものは彼の後期の文章に集中している[1)]。1967年の「明治維新と中国革命―孫文を中心に―」と「明治維新と中国革命」などの文章、そして1968年の講演稿「中国近代革命の進展と日中関係」では、明治維新と中国革命を比較した成果としてあげられる。

竹内好はまず、孫文の見る明治維新と明治維新の実像を比較した。「明治維新は中国革命の第一歩、中国革命は日本維新の第二歩」という孫文の語に、明治維新と中国革命の間にある緊密関係への憧れが見られる。孫文のこの憧れは竹内好にとって魅力的である。日本が中国に戦争を仕掛けた歴史があるにもかかわらず、孫文がこのように述べていることは、孫文の純粋さを証明しているようだが、まことに純粋であるのは、孫文が日本に革命の支援を呼びかけること自体ではなく、孫文が考える明治維新像である、と竹内好は論じた。「明治維新と中国革命－孫文について－」の中で、彼はこのような孫文の考える明治維新像を掘り出した。

まず、彼は孫文が日本と欧米列強を区別する態度に注目した。

> なぜ列強が中国革命をきらうかというと、一つの理由は、中国に植え付けてある経済的地盤を失いたくないからであり、もう一つの理由は、中国革命は必ず近隣の植民地諸国に波及するからである。つまり中国革命はヨーロッパ帝国主義にとって死刑の宣告なのだ。

しかし日本は、それと利害を同じくしたい。むしろ対中国政策に関しては、ヨーロッパ列強とは利害が相反する。中国が独立と国内統一を実現するのが、日本の経済にとっても有利である。それにもかかわらず追随政策が改まらぬのは、たんなる習慣の惰性によると孫文は説く。

歴史について孫文の見方はこうである。アジアの一員である日本が崛起(くっき)したことによって、抑圧されている他のアジア諸国に解放の希望が生まれ、中国もまた分割の運命を免れることができた。ところが日本は、遠大な志と高邁な計を欠き、朝鮮を併呑した。これはまことに残念なことである。さらに欧州大戦では、小さな信義を看板にして強権の側に味方し、それによって「世界の盟主」たるべきチャンスを逸してしまった。こうしてアジア諸民族の間での日本に対する信頼はソヴェトに対する信頼に取って代わられるだろう。これは日中両国の「志士」から見て残念なことである[2)]。

竹内好の設定した近代を「超克」できる日本の姿は孫文の革命理想の中に映し出された。「近代とは何か」で設定したヨーロッパは拡張的であり、歴史的にはその拡張的な性格は他民族を植民地支配する行為に最も表れていた。日本がいち早くヨーロッパの植民地体系から脱出したことは、アジアの被抑圧民族の眼から見れば、非ヨーロッパである[3)]。この時点で日本は、ナショナリズムの感情でアジア諸国と通じている。これは、孫文が中国の革命が明治維新の第二歩と説いた理由である。もし、独立を重んじる価値観を用いて、被侵略民族に援助を与えたとしたら、ソヴェトに取って代わるくらいの国際的地位を占めることができただろう、と竹内好は推測した。そして、この価値を掲げた代表的な人物として、竹内好は西郷隆盛をあげている。

しかし、竹内好のいう「遠大な志と高邁な計」を欠くように、日本は民族独立の価値選択を放棄した。すなわち、明治維新の備えていた民族独立の性質は放棄された。ゆえに、明治維新は革命に至らなかった。アジア解放の価値を含む征韓論を掲げた西郷隆盛が明治政府に敗北したことは、アジアのナショナリズム価値観で見れば、反革命勢力が革命勢力を打ち破ったことになる。明治政府は西郷隆盛と対立したことから明らかのように、アジアのナショナリズムの価値をそもそも持っていない。アジアのナショナリズムが日本政府によって、「大アジア主義」として、日本のアジア侵略に利用されることは、その時点ですでに決められていた。問題は、アジア的なナショナリズムという価値を放棄した主体はどこにあるか。

竹内好は、「遠大な志と高邁な計」を欠くことは、日本国民の革命に対する感覚に由来すると判断した。彼は、日中両国の国民が革命に対する感覚を比較し、日本に中国のような抵抗へとつながる革命は発生しなかった原因を探った。

## 2．革命の感覚と革命の源泉

歴史的に見れば、明治政府は正義をとった。この正義を与えたのは、他ならぬ日本の国民である。革命を拒否する国民が明治政府に味方をすることによって、日本で革命と反革命の繰返しは発生しなかった。革命が展開されなかったのは国民が革命から距離をとり、感覚のレベルで革命を拒否したからである。これに対して、中国では、革命はまだ成功せずと国民に忠告する孫文の革命意志は中国共産党に引き続かれ、その中国共産党が独立を達成するまで、中国の革命史を指導したと言える。

> 国民心理の比較の上で、革命観の大きな違いとなって現われております。中国で革命と申しますと、きわめて遠大な目標へ向かっての日常的な努力の過程という、一見そう反するような二重の意味が表象されますけれども、日本で革命と申しますと、まったく逆でありまして、非日常性の極であるような語感がいたします。そのため

受けとり手にとっては、一方では恐怖、他方では憧憬といった反応をよびおこします[4)]。

中国人のいう革命は、いわば日常性の純化されたものであり、われわれ日本人が表象にうかべる革命は、非日常性の極にあるものだという心理習性のちがいは、けっして閑却できないものが今でもあるのではないでしょうか[5)]。

国民レベルの感覚というものは、きわめて抽象的であり、国あるいは民族の歴史や地理など様々な要素の作用によって形成されるものであろう。これによって一国の歴史を説明することは不可能であり、歴史の結果で歴史そのものを解釈する循環になるだろう。しかし、革命に対する感覚は近代革命という一つの歴史時代に形成されたものとして比較することは可能である。

だが、国民の革命に対する態度で明治維新と中国革命の差異を解釈するだけでは、当然不十分である。明治維新後の日本は戦争という脇道に走り込んだ。中国革命の使命は孫文から毛沢東に伝わり、民族独立を達成する結果に至った。革命を成功させたのは中国共産党（中共）であり、中共の精神的な指導者は毛沢東であった。そこで、竹内好が決定的な要素を毛沢東に求めることは当然であろう。

## 3．毛沢東と根拠地

竹内好の考える毛沢東は、まず、彼の想定する中国人の代表である魯迅と精神上でつながる。

魯迅は前進した。そして毛沢東も前進した。文学に無限の高まりを要求した魯迅は、一度も現状に満足したことがなかった。彼は一度も休息しなかった。永遠に歩み続けるユダヤ人アハスウェルに自己の分身を見てさえいた。毛もまた、彼の理想のために現状を破壊しつづけた。今もしているらしい。恐ろしいほど現実主義的な理想主義者という点で、この二人は共通である[6)]。

同時に毛沢東は孫文の継承者である。

毛沢東は機会あるごとに、三民主義と新民主主義との同一性を強調し、太平天国以後の中国革命の一貫性を強調している[7)]。

さらに、毛沢東の思想はアジア的なナショナリズム価値を説く思想である。

私の基本的立場は、毛沢東の思想を、コミュニストだけの利用にまかせないで、非コミュニストを含めたもっと広い国民の間に解放したいのである。現実六億の人口を支配し、潜在的にはもっと多数の AA 諸国民に影響を与えている毛沢東の思想を理解することは、とくに日本人にとっては、この上もなく大切なことである[8)]。

以上で見られる竹内好の毛沢東についての評価は、非常に高いと言える。毛沢東は竹内好の求めたすべての価値を揃えている。竹内好に対する毛沢東の意味は、中国革命の特質の代表である。彼は毛沢東を扱うことについてこう述べている。

私が戦後に改めて魯迅を読み返したことは最初に申し上げましたが、もう一つ、それとほぼ同じ時期に、はじめて毛沢東の著作を、ある程度一括して読みました。それ以前には、孫文などの知識はあったのですが、毛沢東についてはほとんど知るところがありませんでした。はじめて毛沢東をまとめて読みまして、いちばん驚いたことは、抗日戦争の見通しが実に正確だということであります。ほとんど彼の予想どおりになっている。これなら毛沢東の指導下にある中国共産党は必ず最後の勝利を収めるにちがいないと思いました。それともう一つ、私がびっくりしたことは、論文のスタイルがマルクスやレーニンとは違うことであります。個性的と申しますか、あるいは民族性といってもよろしいですが、いかにも中国の土着の発想だという気がしたわけであります。そんなわけで、毛沢東の思想は伝統と切れてはいない、したがって毛沢東を研究すれば中国革命の特質が分かるにちがいないと思いまして、ちょうど雑誌の注文がありましたので、評伝という形でそれまでに整理できたかぎりで自分の考えを述べたわけであります[9]。（傍点引用者）

毛沢東から中国革命の特質を抽出できると信じていた竹内好は中国革命における特有の形式に注目した。それは、「根拠地」である。

毛沢東思想の中心は、おそらく根拠地の思想であろう。根拠地とは、一種の古代的ユートピアの伝統をになった、生活共同体の単位であって、それ自身に生成発展するものである。かつての解放区がそれであり、解放区の全国化である今日の中国もまた、世界の平和と進歩における根拠地となる。ここにマルクス主義とアジアのナショナリズムの見事な結合がみられる。マルクスが階級対立そのものから、レーニンが先進国と後進国の対立そのものから、進歩の原動力を引き出したように、毛沢東は植民地と帝国主義の対立そのものから、進歩の原動力を引き出したように、毛沢東は植民地と帝国主義の対立そのものの中に、植民地を根絶させる原理を発見したのである[10]。

竹内好の見た根拠地は、中国共産党がどのような強敵に直面しても、勝利を収められる力の根源である。しかし、一見すると、根拠地に物質的な力は備えられていない。中国共産党は根拠地を以て国民党と日本帝国主義を破り、さらに、朝鮮戦争でアメリカと対抗できる。いったい、根拠地の力とは何であろうか。竹内好はこの根拠地の魅力を発見したが、自分の力では根拠地を理論化できないとも述べた。

> いわゆる近代化論が一般理論として成立するかどうかは何とも言えないが、同様に史的唯物論も、歴史法則として万能であるとは認めがたい。私は戦後わりに早い時期（1948年）に、「中国の近代と日本の近代」という文で、自分なりにこの問題への接近を試みた。すなわち、後進国の近代化の型として日本だけを範例に取り出すのは不適当であって、少なくとも二つ以上の型と区別すべきであり、日本と中国とは対照的ではないかという意見である。実はこの着想をもって肉付けして、仮説の形に仕上げるつもりであったが、力不足のために成功しなかった。その後は、中国革命の解釈の問題で、根拠地論という構想を導き出した。その一端は「評伝毛沢東」(1951年）に書いた。これも、その後の理論展開は芳しくない。しかしともかく、一般理論への私なりの疑問は表明されている。いま、その要点をお話しして、理論展開を新進の研究者の手にバトンタッチしたい[11)]。

竹内好は、近代化の型と根拠地論を二つの問題として設定した。しかし、根拠地論は近代化論と重なる部分がある。根拠地の性格は、竹内好がその中に理想型を求めた魯迅の性格と重なる部分がある。この問題を説明するためには、もう一度「近代とは何か」に戻る必要がある。

> 魯迅のような人間が生まれてくるのは、激しい抵抗を条件にしなければ考えられない。ヨオロッパの歴史家がアジア的停滞とよび、

> 日本の進歩的な歴史家がアジア的停滞（！）とよんだようなおくれた社会の中からでなければ出てこない型である。ちょうど、ドストエフスキイがロシア的なおくれを条件にしているように。あらゆる進歩への道が閉され、新しくなる希望がくだかれた時に、あのような人格が固まるのだろう。古いものが新しくなるのでなく、古いものが古いままで新しい、というぎりぎりの存在条件をそなえた人間が可能になるのだろう[12]。

根拠地はいわゆる「アジア的停滞」の最も代表的な部分、すなわち農村に築かれたものである。ヨーロッパの価値観で考えると、根拠地は最もアジア的である。毛沢東が根拠地を以て民族独立を達成したことは、竹内好の想定したアジア的なナショナリズムの力を動員したといえる。また、彼の想定したように、ヨーロッパの拡張は必然的で、アジアは抵抗を余儀なくされることは、アジアの運命は抵抗の運命にあることを意味する。そうすると、根拠地は抵抗する運命の共同体と見なすことができる。したがって、このような抵抗する運命の共同体を作ろうとしたのは毛沢東だけではなかった。孫文が日本に革命の援助を求める構想はある意味では、ヨーロッパ文明に対抗する共同体を構築する行為であると理解することができる。この共同体は彼の掲げた「大アジア主義」である。しかし、孫文は失敗した。辛亥革命のとき、日本はすでにアジアからヨーロッパに転向し、中国とは別の運命の道を歩んでいたからだ。

発展的に見れば、根拠地の中から、中華人民共和国の成立につながり、最終に[13]文化大革命まで[14]、継承されている精神上のものがある。すなわち、「中国人民」を動かせる権威である。

「新中国」の権威について、竹内好は次のように指摘した。

> 　この中共を貫いているモラルの高さは、ほとんど私に中国古代の聖賢を連想させる。儒教的規範というものは、中世以来、支配者に

よって他律的に人民に押し付けられ、それによって逆に支配者自身を価値から超越せしめることに役立てられてきた。こうした秩序の体系を破壊する運動によってはじめられたわけだ。しかし、秩序の破壊は、どこまでいっても、外にある権威を除くことはできない。権威そのものを徹底的にのぞくためには、自身が権威になることによってその外在性を消すよりほかに方法がない、他律的に押し付けられたものを主体化し、外的権威を内面化することによってのみ、破壊は完成し、真の人間の自由は実現する。中共のモラルは、このような転換によって生まれたものだ。それは制度と思想の両面からする、封建制への反逆の運動であるが、外の権威（マルクス主義）をもってする権威の置き換えではなく、封建制の中から生まれて自身を超えるための苦しい運動であった。孫文の三民主義がそうであったように、三民主義を継承した新民主主義もまた、民族に固有のエネルギイの自己発露である。したがって中共は、伝統的な価値を徹底して破壊することによってそれを新しく甦らせた。儒教的規範は、今日、人間にとっての拘束ではなく、自由の内面律である。中共が民族の伝統の破壊者であるという批判は、この点からすれば見当ちがいであって、中共こそ民族のもっとも高いモラルの体験者である。そして、このモラルが、新中国の力の源泉である[15)]。

これは1949年、竹内好が書いたものである。この評価は今から見ると明らかに過大評価である。しかし、この中から、意義ある三点を取り出せると思う。

第一点、「新中国」は、正しい方法で権威になることに成功した。この正しい方法とは、外的権威を内面化する方法である。対照的なのは、日本の外的権威に追随する方法であり、この考えも、「日中近代化の型は違う」という論旨と一致する。

第二点、中共のモラルは「民族に固有のエネルギイの発露である」。

つまり、中国が権威を内在化する力は、ナショナリズムのエネルギーである。対照的に、本章で述べたように日本の国民は「感情のレベル」で「民族に固有のエネルギイの発露」を拒否した。竹内好は、このちがいを起こした理由を根拠地理論に見つけようとした。

第三点、「伝統的な価値を徹底して破壊すること」は明かに文化大革命に当てはまるが、竹内好は文革を明白に評価することを避けていた。これについて次節で述べるが、ここでいう伝統的価値の破壊は、竹内好の新中国あるいは中共に対する評価の論理で、中共が自己権威を確立する方法は破壊であると説明する以上、必然的に導かれる結果とも言えよう。

以上の三点を通して見ると、根拠地から生み出されたナショナリズムの力に頼って、「新中国」は立ち上がり、さらに文化大革命の原動力となる。この力はどういう根拠地から生み出され、そしてどのように、文化大革命を発動したのか。この原理は、歴史的に発見されなければならない。逆に、この原理の発見は、日本のナショナリズムはなぜ「革命」を発動しなかったか問題を解くカギとなるだろう。

## 4．文化大革命に対する観点

根拠地から文化大革命まで一貫したものを歴史的に発見することは、竹内好にとっては、不可能だった。原因は、根拠地を理論的に解釈しなかったことであり、それは「近代とは何か」において、抵抗を理論的に解釈しなかったのと同様である。こうして、中国で発生した革命の重要な一環としての文化大革命について、竹内好は「沈黙」せざるを得なかった。

> 私はこの問題（文化大革命:引用者）について一度も発言しなかった。今後も発言するつもりはない。というのは、自分の力に余ることを承知しているからである。たぶん中国革命は、過去の経験

則は適用できないわけだ。しかし私には、適用できるかできないかを判定するだけの力がない[16)]。

こうして、彼の文化大革命についての文章は、「今の文化大革命は第二歩くらいのところかもしれない」[17)] というところで止まった。中華人民共和国の成立後、特に文化大革命の時期に入ると、中国の実情はますます不明となっていた。しかし、竹内好全集をめくるかぎり、彼は文章の中で文化大革命という状況不明な「現実」に判断を下すのを控えたことは明らかであるが、彼の文革に対する評価は、まったく残されなかったわけでもない。文革を解釈した次の言論が残されている。

（紅衛兵について：引用者）彼らは破壊はしていますよ。それはしかし、破壊しろといって破壊しているんだ。破壊を大いにやれと言っているので、だから破壊してもちっとも悪いとは私は思わない。まだまだ古いものを破壊しなければだめだ。これはなにもいま文革からはじまったのでなくて、近代化の過程でしょっちゅう出てくることです。あまりにも古いものが多い。それを壊さなければいけないということは絶えず言われている。五・四運動（1919 年 5 月に起こった、学生を中心とした中国民衆の反封建・反帝国主義運動）のころもそうだし、いつも壊せ壊せということはいわれている。ただ、何を壊すかということが問題なんだ。すべての破壊がいけないという論理はやはり恐怖感で説明するよりしようがないな。私は破壊はけっこうだと思いますね。報道されているように、古い文物を壊しているということも一部にはあるでしょう。けれども、全体としてそんなことはあり得ないですよ。そういう意味での破壊は日本の方がもっと大がかりにやっていますよ[18)]。

竹内が注目したのは、文革をもっとも代表した「破壊」という行為に潜んでいる革命性である。彼は「文物」に対する破壊行為と「古いもの」に対する破壊行為を区別したのである。「文物」が意味したのは、歴史の遺産としての伝統や文化であり、日本がそれを大いに破壊したとは、おそらく近代化過程における日本の西洋化傾向を指しているであろう。もう一方古いものというのは、単なる一国の歴史的な形成に限らず、現実の革命に反する、いわゆる新しい世界の創造に反するものをさしている。ここの古いとは、相対的な概念であり、竹内はこの「古いもの」を相対化させることによって、世論が恐れていた暴力的な「文革」と違う意味の革命思想を見出した[19)]。

明治維新と中国革命の比較は、竹内好が理論上で作り上げた近代化の日中比較論を歴史現実のレベルで検証するものである。彼はこの比較の成果を日本国民に伝えようとし、日本の運命を変えていくように努力した。そして、戦争から安保闘争までの自らの経験に基づいて、彼は、次のようなことを痛感していると述べた。

> われわれは自主的な判断を放棄してしまったが、かりに米中戦争が始まれば日本は自動的にその中に巻き込まれるでしょう。そしてまた敗戦を味わい、二度、三度それを繰り返すうちに目が覚めるときがくる、というのが私のかすかなる希望です…[20)]。

以上竹内好の中国革命に対する認識を整理したが、この認識は必ずそのまま継承されていくものではない。たとえば、竹内好が作り上げた中国革命像に反発し、竹内批判を行った子安宣邦は、「あまりにも文学的」だと指摘した。子安はいう、

> 擬似的〈近代〉としての近代日本の徹底した竹内の自己否定が、彼に自立的な民族主体による中国の真正な〈近代〉革命を定立させた。彼は前者を〈魯迅〉によって記述し、後者を〈毛沢東〉像に凝

> 結させた。だが竹内による〈中国〉も、〈中国革命〉も、そして〈毛沢東〉も、〈近代日本〉の自己否定が描きだす他者像でしかなかった。竹内が描きだす〈中国革命〉〈毛沢東〉の眩しさは、〈近代日本〉の自己否定的な慙愧の思いに比例している。だが〈中国〉像は、60年代以降の歴史的経過の中でその眩ゆい光をまったく喪失させた[21)]。

まず、竹内好の中国認識は文学者である魯迅から始まったことは否定できない。論述の展開を省略させてもらうが、竹内好研究の代表論者である孫歌は、魯迅研究に着手した際竹内好が用いた思想的方法は彼の生涯を貫き、思想家としての竹内好の原点であった[22)]と論じた。この意味で、「竹内の「評伝毛沢東」を読み始めて、これは彼の『魯迅』ではないかと思った」という子安の感想は的を射ていると考えられる。しかし、本章で述べてきたように、竹内好における「毛沢東」が、「魯迅」や「孫文」、「明治維新」や「安保闘争」など、彼の生涯で取り上げた複数の歴史的概念とつながっていることは、子安は見逃している。竹内好が経験した安保闘争、そして安保闘争以降に革命の伝統を発掘するために明治百年祭に寄せた関心、さらに、明治百年祭への失望と左翼知識人のアジア主義に対する不理解、こういった竹内好の思想的な遍歴と合わせて、竹内好が描いた毛沢東を理解する必要があるだろう。

中国像の輝かしさは「自己否定的な慙愧の思いに比例している」という意見に対して、筆者は眩いのは中国像だけではなかったと考える。前述のように、明治維新と中国革命を比較した竹内は、明治維新はいわゆる「革命」に至らなかったと述べたが、日本近代の変革の原動力が明治維新に潜まれていることを否定していない。逆に、日本の社会の思想状況に対して失望した竹内好に残されたのは、中国しかなかったのである。この点でいうと、竹内好は、毛沢東主義をマルクス主義現段階の最高の指導綱領とみなす井上清[23)]のような論者と根本的に違うのである[24)]。

むしろ、竹内好が60年代においても「中国像」の輝かしさを認め続けたところに問題がある。この問題性を代表的に表したのは、前述の「文革」の破壊性に対する見方だけではなく、中国の核実験に対する認識の中にも反映されている。中国国内の実情が不明であるという前提を以て考えるなら、竹内の文革に対する認識は感覚的にとどまっていると解釈できるが、中国の核実験について、世界で唯一「核兵器」の恐ろしさを体験した日本の一国民として、「膝をたたいて快哉を叫びたい気がします」というように語ったことはどうしても無視しておくわけにはいかない。しかも、中国の核実験を絶賛した竹内好の姿は、過去に日本のアメリカに対する宣戦を喜ぶ彼の姿と重なっているのではないかと筆者は考える。

竹内好にとって、「近代の超克」は他者ではない。彼が「大東亜戦争と吾等の決意」（第一章を参照）という戦争支持の文章を書き下ろしたことは、度々後世の研究者に指摘され、竹内自身は、「近代の超克」を夢見ながら、戦争に身を任せた経験がある。自分自身を含む日本人を救済する道を探り、戦争を阻止し、日本の帝国的侵略に抵抗できる思想を発見することは、彼の務めであった。彼は「「近代の超克」を救済するのは一点の余地がある」と指摘し、「それは、心情の位相で、日本のアジア隣国への侵略を許さないというような、総力戦においての日本知識人の一般的傾向である」[25]と述べた。彼はこの傾向を歴史的に遡り、日本のアジア主義を取り上げた。彼の考え方によると、アジア主義は、欧米帝国主義に対する抵抗として現れたものであるが、日本のアジア主義は「心情」にとどまり、理論までに昇華できなかった[26]。

ただし、この「心情」はアジアにおいてどういう様態で存在するのか。竹内好の言論の中に、答えは必ずしも自明ではない。中国の核実験に対する賛美的な発言は、むしろ日米開戦に戦争支持を宣言した竹内好の姿を思い浮かべる。次章は、1920年代中国の知識人の間で爆発した同じような問題が検討された「科学と人生観」論争を取り上げ、「近代の超克」と比較して竹内好の「アジア的な心情」を考察し、「アジア論」を新たな視座で考え直したい。

# 第八章　心情としての「近代の超克」

## 1．アジア主義的な心情と論理

竹内好は、論理的にアジアを方法にして論じたことがある。1960年行われた講演で、彼はこう定義した。

> 西欧的なすぐれた文化価値をより大規模に実現するために、西洋をもう一度東洋によって包み直す、逆に西洋自身をこちらから変革する、この文化的な巻返し、あるいは価値の上の巻返しによって普遍性を作り出す。東洋の力が西洋の生み出した普遍的な価値をより高めるために西洋を変革する。これが東対西の今の問題点になっている。これは政治上の問題であると同時に文化上の問題である。日本人もそういう構想をもたなければならない。
>
> その巻返す時に、自分の中に独自なものがなければならない。それは何かというと、おそらくそういうものが実体としてあるとは思わない。しかし方法としては、つまり主体形成の過程としては、ありうるのではないかと思ったので、「方法としてのアジア」という題をつけたわけですが、それを明確に規定することは私にもできないのです[1)]。

竹内好の考えるアジア的な論理は、必ずヨーロッパ文明と対立するものではない。アジアという主体形成は、西欧を打倒することではなく、逆に西洋近代が生み出した価値を実現する過程であり、結果的には西洋の変革を要求するものである。最終的には、東洋と西洋は違うもののように思われないが、最終的な目標を目指して進む過程で不可欠なのは、

「方法としてのアジア」である。

しかし、竹内好の場合、この「方法としてのアジア」はあくまで規定不可能なものである。同時に、このようなアジアはどこに存在するのか、という問題について考える必要がある。1960年安保闘争を経験した竹内は、安保闘争を契機に日本における革命を期待していた。しかも、その革命は当時知識人の間に大きな共鳴を呼び覚ましたアジア・アフリカ独立運動と深くかかわっており、竹内好の場合は、中国革命の進行が日本の民主革命と間には関連があると考えていたことは本書第五章で論じたとおりである。ところが、竹内好のこの革命観には大きな欠点がある。すなわち、彼は中国革命を理想化し、中国革命を過大評価するきらいがある。もっとも典型的な表現として、中国の核実験に対する賛美の言論が挙げられる。

> なるほど、威嚇に屈しないためだという理由づけは、中国の公式声明にもあり、それはそのとおりでありましょうが、その底に、もっと深い心理的動機があったと見るべきではないか。つまり、辱かしめ（ママ）を返上したい、という動機であります。そして私は、第一の動機には無条件賛成はできないが、この動機には膝をたたいて快哉を叫びたい気がします。
>
> 日露戦争は、明治維新革命の有効性を世界に立証してみせました。中国の核実験の成功は、中国革命の有効性をこの上なく雄弁に世界に示すでありましょう。ただし、日露戦争が、朝鮮民族の自由を奪い、その負債にわれわれがまだ苦しんでいるのと同様に、中国は将来長期にわたって、死の灰の加害者の一員であるという責任から免れぬでしょう[2)]。

「膝をたたいて快哉を叫びたい気がします」という表現は、「胸に込み上げてくる、名状しがたいある種の激発するものを感じとったのである」という竹内好の戦争支持宣言を連想させてしまう。筆者は、「大東亜戦争と吾等の決意（宣言）」から中国革命支持論まで、竹内好が一貫して堅持していた考え方があると思う。核兵器保有は、「死の灰の加害者の一員」になることをはっきり意識していたにもかかわらず、竹内好はアジア的な心情、すなわち「よくぞアングロサクソンとその手下ども（日本をふくむ）の鼻をあかしてくれた」[3] というような、ヨーロッパ（この場合はアメリカを含む）の世界的な覇権に対する抵抗の立場を守り続けていた。しかし、抵抗の結果が「核保有」への支持であれば、違和感を覚えざるを得ない。一歩進めて言うと、「大東亜戦争」を「核保有」に刷りかえれば、竹内が「戦争を阻止する思想」を探る努力はいったい何であり、そして、彼が求めたアジア的な論理は、どういうものであろうか。これについて、振り返って検討を加える必要がある。

核兵器は、いわば戦争の最終的形態をとったものである。絶滅的な威力が持つゆえ、核保有国の間に対抗的な平和関係が築かれていることは否定できないが、兵器そのものに対して、戦争に対するそれと同じく、いかなる賛美も許されない。科学は、人類の進歩に大いに貢献した。しかし一方、近代科学が代表する物質文明は、最終的に人類の破滅を導くのではないかという議論は、19 世紀はじめから、盛んに行われた。科学主義に対する反省のきっかけは第一次世界大戦がもたらした災難であり、多くの論者は科学が代表する実証的な精神を批判し、それよりむしろ人間の精神が世界を主宰すべきと唱えた。これは、「近代の超克」の原点でもあった[4]。「近代の超克」に対する分析の多くが歴史哲学に集中しているのに対して、「科学主義を如何にして超克する」という課題が、実は座談会のかなりの比重を占めていることにはあまり注意が払われていない[5]。そこで、科学に対する考えは、竹内好の核保有に対する態度との間に、つながりはあるかどうか、この疑問を一つに手掛かりにして、竹内好のいう「アジア的」な心情を再現させよう。

## 2.「近代の超克」における科学論

座談会「近代の超克」の中で、直接「科学」を議論の対象にする部分は一日目に集中的に議論されたが、二つに分けられる。「科学における近代性」と「科学と神の繋がり」である。それ以外に、一日目の「ルネサンスの近代的な意味」や二日目の「文化と専門化の問題」などの部分でも、科学にかかわる議論が交わされた。

「近代の超克」を考えるとき、科学はどれほど問題にされるか。これについて、参加者の鈴木成高は以下のように提示した。

> 今日のヨーロッパといふものを形成して居る四つの――伝統といひますか、さういつたものを、四つトレールが挙げて居るのです。その一つはギリシャの古典、第二はキリスト教、第三はゲルマン的精神、そこまでは別に問題はないとして、それらのものとは別個に第四のものとして、科学的精神といふものを挙げてそれが近代といふものを形造る根本的なものだとしてゐる。これは先の三つの伝統とは別種のものだといふ風に考へて居るのですが、さういふやうにつまり科学といふものが出て来た由来といふものは、非常に特殊のものから出て来て居る。従来の歴史になかつたやうなものから出て来て居るやうな所があるのではないか。それが近代といふものにそれまでにないやうな特殊の色彩を与へて居る。近代の超克といふ場合必ず科学の問題を何とか解決しなければならないといふ問題を含んでいるのも一つはそこにあると私は考へます[6)]。

科学主義の問題を提起したのは京都学派の哲学者西谷啓治（1900-1990年）であり、座談会で科学の部分を担当し、科学に関する疑問の多くを引き受けたのは科学史哲学者の下村寅太郎（1902-1995年）と物理学者の菊池正士（1902-1974年）である。超克の対象とされる科学は必ずしも客観的な科学技術ではなく、「科学的な精神」や「機械を造った精神」などの表現で表されたように、近代精神の一つの象徴である。また、科学の対極に、「宗教」、「文化」、または「精神意識」などがあり、いわば形而上的なものが想定されていた。この認識を踏まえて、以下三人の主張を考察してみよう。

まず、物理学者である菊池は、科学の超克は「機械を造った精神」である唯物的な精神を克服することにあるとまとめた[7)]。と同時に彼は、科学に対する浅い理解を以て科学思想に反対する傾向に対して、科学者としての立場から、量子力学のような科学的方法に対する根本的な理解を呼びかけた。一人の日本人として、何か東洋的な精神に寄り付くべきだと気持ちを表したが、科学精神を討伐するような座談会全体の雰囲気の中で、菊池の主張は極めて控えめであったといえる。

単なる科学反対を唱える論調に警戒を示したのは、下村寅太郎も同様であるが、下村はさらに、近代を否定することは、きわめて非現実的であると説いた。彼は、まず近代科学を近代以前のそれと区別した。

> 所謂科学と宗教の衝突と謂はれたものは、今日から観れば、宗教のある一つのドグマと科学のある一つの理論との対立で、それは謂はば一つの哲学と哲学、或は科学と科学との衝突で、必しもほんとうの意味での宗教と科学との衝突ではない。…
>
> さういう点を清算したものが近代であると思ふ。このことはつまり科学が特殊（スペシャル）・科学（サイエンス）に成つたことと、科学が素朴な形而上学ではなくなるといふことであつて、このことは同時に他面においては宗教も素朴な科学でなくなるといふことである[8)]。

彼は誰よりも近代科学の独立性を強調した。近代科学が形而上学でなくなり、精神（宗教）と科学が分立したという認識を前提に、「近代科学を超克する」という目標に向けて独自な方法論を提示した。

機械は本来人間を労働の奴隷たることから解放することにあつた。現代はまだその発端であつて終点ではない。加之（しかのみならず）、人間を機械の奴隷にしてゐるのは固より機械そのものの責任ではなくして、それを運用する組織制度、結局、精神に帰すべきものである。…精神は何故に機会に追随しえないか。現代の窮状は機械の破壊によつて打開され得るか。加之、我々は果たして機械の破壊そのものを敢えて欲し得るであらうか。

しかし、機械の齎したものが外面的な「文明」にすぎず、内的な「文化」ではないではないかと言はれるでもあらう。…問題は寧ろ積極的に文化が文明に追着くこと、さうして文明を支配することにあるのではないか。近世の危機はその意味において physical science と mental science との平衡のとれない所にある。

これらの反省は固より「近代」をそのまま肯定するためではない。唯々近代を単に消極性に於いてでなく、それの積極性を承認した上でそれの止揚を考へようとするのみである[9)]。

下村は「近代の超克」を別の角度から、積極的に近代を内在化しようと努力した。彼は敢えて「文明」と「文化」を「科学」と「精神」の代名詞として使い、「文化」の新たな創造という理念を打ち上げた。座談会では、明治以降の日本の近代化がさまざまな弊害を伴った認識は、参加者の間で共通していた。戦争中であるので、西欧という政治的に極めてマイナスなイメージが直ちに否定されなければならなかった。西洋の代わりに科学はある意味で、戦争イデオロギーに支配された単純的な東西対立から免れ、さらに議論する余地がある。「近代の弊害」を考える際、近代を自ら導入した日本人の傍観的な近代批判に反論を唱える下村は「客員ではあるが合理主義の立場を控え目に堅持してゆずらない」と竹内好によって単純に始末されたが、「近代の超克」の戦争に対する理論づけの役割を内部から転換させようという努力は無視できない。

そもそも最初に科学の問題を提起した西谷啓治は、提出した論文「「近代の超克」私論」のなかで、「現在求めらるべき宗教性は科学の立場からも絶対的に超越するものであると同時に、科学への明らかな背離である如きドグマを含むものであつてはならない」[10] と主張した。西洋宗教は「神と人間性との矛盾、神への絶対的帰依を強調」[11] するがゆえに、近世における科学の優勢を抑えることはできない。彼は「宗教性の立場は吾々の主体性のうちに徹するといふ方向に求められねばならない」[12] と規定し、その立場を発見する方法を以下のように示した。

先づ第一に、吾々の肉体は自然科学の良い対象である。…更に一歩吾々の「内」に這入つて普通に心とか魂とか呼ばれてゐるものは、どうであるか。これは文化科学の対象となる諸現象を生み出すものであるが、もし心や魂なる言葉が、普通に「意識」の諸現象や意識的な「自己」といはれるものを意味するだけならば、其等も例へば心理学によつて科学的に取扱はれ得るものである。或は寧ろ、もしこの「意識的」という段階だけに止まるならば、厳密の意味では心とか魂とかいふやうなものは排除されるべき筈である。…即ち実体的な「もの」即ちそれ自身として「有る」ものといふ如き心や魂は消されて行き、それと並行して他面では、心理現象は生理現象との連関のものに見られて来るやうになつたのである。そして、このやうな意識の平面上に去来する諸現象は、肉体の消滅とともに消滅するものといへる。然らばこのやうな一つの物体である身体と、通常「心」といはれる意識的自己とを除いて見た時、吾々には何も残らないのであらうか。それは実際に何も残らないともいへる。併しその残らない所に実は残るものがある。寧ろそこに初めて、如何にしても対象化され得ない、従つて科学の視野にも這入つて来得ない唯一のものが、即ち主体としての吾々における真の主体性の立場が現れるのである。それを主体的無の立場と呼び得る[13]。

西谷は、科学が人間の意識活動を部分的に処理できると認めながら、処理可能の部分を人間の主体性と区別した。京都学派の特徴ともいえようが、彼が追及した「無」は、菊池や下村と違って、哲学的な推論にかかわるものである。論文の後半で西谷は東洋的な哲学は主体性に辿りつく唯一の道だと力説し、前述のように菊池を含む多くの参加者の東洋的な心情を呼び覚まし、西洋に対する東洋の優越性を鼓吹するとき、大いに用いられた。

座談会全体を見ると、「近代」と自己の関係において二つの別れた意見が存在し、両者は対立するものである。これについて藤田正勝は以下のように分析した。

> 第一の見解は、近代化に伴う弊害——それは多くの場合、近代そのものと同一視される——は本来、日本に帰属するものではないという考えに立つ。そこから出発して、そうした弊害を除去するために、過去の「純粋な」日本的なものに立ち返るべきことを主張する。そうした考え方に立つ人にとって、「近代の超克」とは、その純粋で日本的なものへの復古にほかならなかった。そこでは「近代」は、自己と本質的に異質なものとして見なされていたといえる。それに対して、第二の見解は、「近代」は決して他人事ではない、「近代」は自分自身の問題であり、自分自身が立つ場所であるというものである。第一の見解が見失った、あるいは見誤った「自己」を直視しようとするものであった[14)]。

以上のように、科学に関して発言権をもった三人は、いずれも上記第二の見解を持っている。この説に即して言えば、特に下村と西谷の場合、二人の論理はいずれも外来としての近代を内在化させようとするものであり、この内在化運動によって科学、あるいは近代の超克を達成することを目的とするものである。竹内好の言う「方法としてのアジア」を想起すれば、このような内在化運動は、「西洋の価値を東洋によって包み直す」過程として見なしてもよいと考えられる。

しかし、対立する二つの見解があるとはいえ、下村や西谷の方法は、必ずしも近代を外在として扱う論理と対決できるといえない。たとえば、言葉を惜しまず戦争賛美に尽力した林房雄（1903-1975年）は、日本の優越性と戦争の意味についてこう述べた。

> 印度は滅び支那も破れたが、日本だけが西洋の波を喰いとめ得たのであります。然るにヨーロッパに対抗して生きのびるためには、実用的意見に於けるヨーロッパ文明を受け入れなければならなかつた。文明開化とは実用品文化であつて、その中に文化の根源的なるものはありません。だから、これに対する日本の反抗は、すでに明治二十年代から始まつてゐます。文明開化という実用文化に反対して根本に還れという叫びであります。内村鑑三もさうだし、岡倉天心もさうだし、或は西郷隆盛がさうであり、乃木大将がさうであります。だが、この叫びを挙げた人は皆んな時勢に敗北しました。文明開化が勝ちつづけたのです。大東亜戦争がどうやら文明開化に一応終止符を打つたやうですが、まだ終止符の打たれてゐない文明開化論者は沢山日本にをります[15)]。

この論調に対して、西谷はなぜ西洋文化が日本人を惹きつけたについて検討を深めるべきだと議論の方向を変えようとしたが、林はそれが科学信者の主観の罪であるという主張を堅持した。

全体的に「無思想」だと考えられてきた座談会は、科学に関する部分だけに関しては、真の意味の「近代」に対する反省という次元で現代を生きているわれわれにも重大な課題を残している。竹内好のいう「復古と維新」、「国粋と文明開化」、「東洋と西洋」など日本近代史のアポリアをめぐる問題意識の一つの側面である科学超克論は、それほど「無思想」に思えない。さらに、問題意識そのものを「アジア的な心情」だと考えるとき、アジアの範囲で共通するものを見出すことができる。そこで、以下では、1920 年代中国の学術史上の一大論争であった「科学と人生観」論争の場合を考えることにしよう。

## 3.「科学と人生観」の視点

前引林房雄は、文明開化は不要なものだとみなしたが、近代以後の歴史を巡ると、事情は全くこれとは異なる。アヘン戦争から始まる西洋の中国進出は、中国人自身の世界観に「後進」という暗翳を投射した。以来、近代中国の思想史は、「中学為体、西学為用」を掲げる洋務運動から「科学と民主」をスローガンに展開された「新文化」運動や五四運動までの流れが示したように、西洋に凌がれる現状に屈せず、かえって西洋を学び、熱心に科学や政治制度の導入に努めた中国知識人の奮闘の歴史でもある。

竹内好が「近代とは何か」で洞察したように、「抵抗」の歴史に巻き込まれた中国の思想家たちは、「敗北」を認識しながら、敗北を認め、「後進」にされたことに立ち留まらなかった[16]。清朝末期以来、東と西の取捨選択は、一貫して学術界における重大な問題の一つである。

1902 年の間、梁啓超（1873-1929 年）はまず教育界における濃厚な欧化主義を、「翻訳以外に学問なし」、かつ「自主的な思想、自主的な能力を未だに持たず」と批判した。その後、彼はさらに近い将来「外国の学術思想が輸入されぬことは憂うるに足らず」、「ただ本国の学術思想が発達しないことを悩むのみ」と憂患を示し、国民は自国の学問を研究する責任をもたずに、「古人を崇拝する奴隷性から脱出できず、かえって外人を崇拝し、自民族を蔑視する奴隷性を生みだしてしまう」と警句を発した[17]。

梁啓超は中国における立憲君主制の革新を主導したリーダの一人として知られており、積極的に近代化を主張した知識人であるが、第一次世界大戦後、民国政府の要員として1918-1920年の間ヨーロッパを視察し、この体験を機に、梁啓超は「思想及び実践の両面において大きな転機を迎えた」[18] ともいわれる。ヨーロッパの旅の感想を記録した『欧遊心影録』は、当時中国の知識界に大きな影響を及ぼした。

> ここ三十年来、国内でほぼ無上の尊厳をもっている名詞がある。賢愚、守旧維新を問わず、みな、あえて明からさまに軽んじ、侮ることのない名詞、それは「科学」である。そのように国中挙げて崇信される価値の有無は別として、少なくとも変法維新を講じて以来、新人物と自任している人には、明からさまに「科学」を誹るものはいなかったと言えよう。しかし、民国八、九年（1919-20）に梁任公先生が『欧遊心影録』を発表するに至り、「科学」は中国において初めて明文を以て公式に「破産」の宣告を受けた[19]。

のちに『科学と人生観』論争が論文集として出版された際、胡適（1892-1962年）は序文に以上の批判を挙げた。梁啓超の見た第一次世界大戦後のヨーロッパは、近代文明の象徴ではなく、経済的衰退と政治体制の混乱が交じり合い、社会革命の危機を孕み、文明を追随するアジアにとって戒めのようなイメージであった。梁は、ヨーロッパ社会に対する二年間の観察を踏まえて、ヨーロッパの堕落は「科学万能」信仰に由来するという認識に至った。

梁啓超に同行してヨーロッパを視察した張君勱（1887-1969年）は、1923年清華大学で「人生観」と題した講演を行い、科学万能主義を批判した。彼の主張は、科学とは別物としての「人生観」が必要であるということだ。この「人生観」講演こそ「科学と人生観」論争の端緒となった[20]。

「近代の超克」の場合、科学と精神、あるいは東洋と西洋の対立が明らかに共通認識となっているのに対して、「科学人生観」論争の表面的な争点は「科学」は「人生観」を支配できるかどうかという問題である。論争の参加者は自然科学者、人文学者および政治家などを含む十数名ほどであり、張君勱と梁啓超のほか、胡適やマルクス主義者の代表陳独秀（1979–1942 年）のような第一線に立つ思想家の名前が連なっていた。本章は、張君勱、胡適と陳独秀の言論を分析の材料にして議論を進めたい。

自ら「科学は破産したとは思わないが、科学万能も承認しがたい」[21]と立場を表明した梁啓超と同じく、張君勱は、自然科学の必要性を否定しなかったが、人生観と科学は原理が違うことを力説し、科学と対比される人生観の特徴として、次の五点を列挙した。科学＝（客観性・論理的方法・分析的方法・因果率が支配・対象の類的統一性）。人生観＝（主観性・直観的方法・総合的方法・自由意志が支配・人格の単一性）。これを踏まえて張は、「我」との関係によって、人生観の問題は次の九項目に分類できると論じた。

(1)「我」と親族との関係…大家族主義と小家族主義
(2)「我」と異性との関係…男尊女卑と男女平等。自由婚姻と専制婚姻。
(3)「我」と財産との関係…私有制経済と公有制経済。
(4)「我」の社会制度に対する態度…守旧主義と維新主義。
(5)「我」の内的心霊と外的物質との関係…物質文明と精神文明。
(6)「我」と属する全体との関係…個人主義と社会主義（互助主義）。
(7)「我」と他人全体との関係…為我主義（利己主義）と利他主義。
(8)「我」の世界に対する希望…悲観主義と楽観主義
(9)「我」の世界の背後の造物主の有無に対する信仰…有神論と無神論。一神論と多神論。個神論と汎神論[22]。

張君勱の講演は雑誌に載せられ、胡適をはじめとする科学派の批判を招いた。科学と人生観を区別する張の観点に対して、地質学者の丁文江(1887-1936年) はただちに批判の声をあげ、科学は精神を取り扱う可能性を主張し、人生観の問題は社会学や心理学などにより解決できると述べた。丁の批判に対して、張君勱は西谷啓治が「近代の超克」で示したような考え方と似たようなもので反論した。彼は「物質科学」と「精神科学」という区分を提示し、丁の言う社会学や心理学は「物質科学」の範疇であり、「精神科学」に対する批判にならないと述べた。一つ注意しておく必要があるは、張君勱の言う「精神科学」は人文・社会科学ではなく、「精神」あるいは「人生観」のことを指していることである。

もう一つ方向的に西谷と近いところある。それは東洋的学問への探求である。張君勱は丁文江に対して反論する際、宋の陸王派の心学を提唱した。彼はヨーロッパにおける唯物論と唯心論の対立と漢学(清以来の考証学) と宋学の対立を比較し[23]、科学超克論の本場をヨーロッパから中国に移そうとした。張君勱はいわゆる新儒家の第一世代として知られており、アジアに導入された科学主義を特徴とする「特殊」な西洋文明に対抗し、「宋学」を中心とする学術的伝統の再生を図った[24]。

張君勱と表面的に対立する科学派の論者胡適は、「科学的な人生観」を解明する任務を自分に課した。丁文江の「科学の中の人生観」の立場と違い、胡適は科学の権威を承認したうえ、科学の外に、十点からなる科学にふさわしい人生観を作り出した。

> 胡適の人生観に対する定義は：(一) 天文学と物理学の知識によって、空間が無限大であることがわかる。(二) 地質学と古生物学の知識時によって、時間が無限であることがわかる。(三) すべての科学によって、宇宙とその中の万物の運行・変遷が皆自然 なものであり、超自然的な主宰者や造物者によるものではないことがわかる。(四) 生物学の知識によって、生物界の生存競争の浪費と

苛酷さがわかるが故に、生命を尊ぶ道徳をもった主宰者という仮説は成り立たないことがわかる。（五）生物学・生理学・心理学の知識によって、人間が動物に過ぎず、ほかの動物と程度の差があるだけであり種類の違いはないことがわかる。（六）生物学・人類学・人種学・社会学の知識により、生物及び人類社会の進化の歴史と原因とがわかる。（七）生物学と心理学との知識により、すべての心理現象には原因があることがわかる。（八）生物学と社会学の知識により、道徳が変遷すること、そして変遷する原因が科学的方法で求められることがわかる。（九）新しい物理化学の知識によって、物質が生きた動的なものであることがわかる。（十）生物学と社会学の知識により、個人（小我）は死すべきものだが、人類（大我）は不死であることがわかる。また、「全人類と万世のために生きること」が宗教であり最高の宗教であることがわかる。そして、個人の死後に天国や浄土に行こうとする宗教は利己的な宗教であることがわかる[25)]。

科学という武器を以て、人間の世界認識が進歩したのにつれて、それなりに人生観にも進歩が必要だとする下村寅太郎の主張とほぼ一致する。胡適は科学派の代表者でありながら、科学と人生観は区別するものであるとはっきり言わなかったとしても、彼の言う「科学的な人生観」はすでに科学崇拝の観念から一歩踏み出した。

科学派の中にある人生観を徹底して主張したのは、論争の後期に参入したマルクス主義者で、代表的人物は陳独秀である。科学精神と一歩距離を取った胡適に対して、「彼らは敵の大本営を打破しうる武器があることを信じず、それを使わなかった」と不満を漏らし、「唯物史観はせいぜい大部分の問題しか解釈できない」とする胡適を批判した。一方、彼は張君勱が挙げた九項目の人生観について分析を行い、こう攻撃した。

> 第一に、大家族主義と小家族主義は、単に農業制宗族社会が工業制軍国社会に進化する中で現れる自然現象なのである。第二に、男女の尊卑と婚姻制度についても同様なことが言える。農業制宗族社会の父親と夫は、娘や妻を生産道具や財産と見なしていた。工業社会になると、家庭内の手仕事では不十分となり、従業員を雇うようになる。すると家族が生産道具であることは不要になり、そこで女権拡張運動が自然に盛んになる…以上の九項の様々な人生観は、いずれもそれぞれ異なった客観的因果性に支配されている。故に、社会科学はひとつひとつに分析的、論理的説明を加えることができる。客観的原因がなく、個人の主観的、直感的、自由意志によってわけもなく発生するものなどはまったく見だせない[26)]。

彼は、すべてを科学万能主義の目で判断しようとしている。論争の背景となった梁啓超のヨーロッパ社会認識は彼の目にも、批判の対象として映った。

> 一つの爆弾で人を殺すことができ、また山を爆破し道を開くこともできる。ゆえに科学および物質文明自身には罪がない。略奪や惨殺の発生の根源は社会経済制度がよくないことだ。言い換えれば、財産制度が、個人私有、非社会公有であることがその理由であり、科学および物質文明自身の罪ではない。われわれはあえていう。科学および物質文明は…財産公有の社会において厚生の源泉である[27)]。

陳独秀は「もっとも徹底した」批判の姿勢を見せていた。これらの批判から読み取れるように、マルクス主義理論家としての彼の心に潜む帝国主義侵略に対する強烈な抵抗感は見逃してはいけない[28)]。西洋の先進性を代表する科学に身を任せるのは、この理由からである。なぜ張君勱に反対するかと考える際、陳独秀の中国文化に対する、「中国文化には科学精神もなく精神文明もない」[29]、「我々東洋文化が人類文化の中で欧州文化より幼稚である」、また「東洋文化はすでに西洋文化に敗れた」[30]というような認識が根本から二人の対立を規定してしまった。

林房雄と方向は全く逆であるが、陳独秀の「文明的進化論」を一貫して主張する態度と、同じ「文明的進化論」の頂点に立ち、「大東亜戦争」と名付けた他者に対する自己貫徹を行う林の態度とは、方法的に同じように見える。林房雄は共産主義者から転向したことで有名であり、度々転向者として批判を浴びたが、方向的に転向したのみであり、思考方法は一貫していたと考えてもよいのではないか。

日本と中国の科学に対する態度に関する議論を比較してみると、類似した三つの方法論を見出せる。つまり（一）科学および科学に包摂される人間の意識、すなわち精神科学を西洋近代の統合として見做し、代わりに東洋的な学問をいかし、東西の融合というさらに高い文明を求める（西谷・張）。（二）東西問わず科学の普遍性を承認したうえ、科学に相応する新たな精神体系を創出する（下村・胡）。（三）文明の進化論という視点で、進化という一方向きに向かう直線に科学を位置づけ、自己をも同様の直線に配置して、直線の方向に逆らうものを排除し、将来の方向を規定する（林・陳）。

ヨーロッパの世界進出がもたらした「科学に対する態度」という課題は、アジアでどう答えられたか。ここからは一つ糸口が見えてくる。アジアにおける近代化は、西洋に対する抵抗であろうが、その抵抗のパターンは、必ずしも国別にわかれるとは限らない。共通しているのは、西洋を受容しつつも、それを踏まえて、東洋として自立しようと願う「アジア的な心情」である。それでは、そこで創造された理論は歴史の変遷に伴い、いかに継承されていくのか。歴史を腑分けする必要があるだろう。1920年代後半に行われた、インド人詩人タゴール（1861-1941年）のアジア訪問を通じて、検討してみたい。

## 4．タゴールの中国訪問と反響

竹内好は、中国と日本のタゴールに対する理解の仕方について意見を述べたことがある。

> タゴールと中国は因縁が深い。むろん、日本との因縁はそれ以上に深いともいえるが、ある観点からすれば、中国の方がもっと本質的につながっていると見ることもできる。タゴールと中国との関係を考えに入れないと、タゴールと日本との関係も十分には理解できない一面がある。…
>
> 一般的に言って、タゴールは日本では亡国の詩人として受け入れられたが、中国では民族独立の悲歌をうたう反抗の詩人として共感された、というちがいがある[31)]。

1920年代後半の日本知識人のタゴールに対する考え方は、ほぼ竹内好の言う通りである。かつて友情関係を持っていたタゴールと野口米次郎は日本が起こした戦争の性質について激論し、ついに絶交した話は有名である。では、中国では、タゴールはどういうふうに歓迎されたのか、確認しておこう。

1924年4月から5月、タゴールは一回目の中国訪問を果たし、5月9日と10日二回にわたって公式公演を行った。講演の内容は、ヨーロッパ文明は機械文明であり、東洋人は精神を持ってそれと戦うべきだという。さらにタゴールは、暴力で暴力を駆逐する革命に反対の意を表した[32)]。

> 人類の進化から考えると、我々はすでに第三期にいるのだ。初期において、人間は洪水や猛獣と戦い、知力を以て勝利を手に入れた。第二期は体力と知力の戦争時代であり、強者は弱者を征服する。今日の西洋人はまさにこの時代にいるので、彼らが征服するために使

> う道具は、すべて知力と体力の範囲以内あるものである。ただ我々東洋人は、すでにこの時期を乗り越えた。我々東洋人は覚醒しており、体力と知力で征服する世界以外には、より明るい、深い、広い世界が存在し、我々は暗黒な静寂の中に、すでにこの世界に導かれる灯りが見えている。
>
> …
>
> 西洋人は今知力と体力を崇めており、人殺しの科学に従事し、これをもって体力と知力において発達していない者を圧迫している。すなわち我々はなおこの圧迫の中にいる。ただし、我々は最大の犠牲を成し遂げれば、もうすぐ彼らの圧迫から脱出できるだろう[33)]。

タゴールは、竹内好が描いた岡倉天心のように、より高い文明論をもって西洋の一元的な文明観を乗り越えるとする思想家である。タゴールは科学を西洋侵略の道具とみなし、これに抵抗すべき態度は反科学はであることを示していることは言うまでもない。タゴールは張君勱、梁啓超、胡適など知識人の盛大な歓迎に包まれて中国訪問を終えたことは事実であろうが、これは中国におけるタゴールの受け入れ方のすべてではなかった。タゴールは演説で伝えようとした、「武力で抵抗してはいけない」考えは、聴者をそのまま説得したわけでなかった。北京での演説当日、会場で「我々はなぜタゴールに反対するか」「タゴールにはお帰り願おう」などスローガンを掲げるピラを配る者がしばしば現れ、ショックを受けたタゴールは予定していた六回の講演のなかの三回を取り消した。このことは、竹内好の判断は楽観すぎることを示している。

タゴール批判者は陳独秀や郭沫若など、左翼文化陣営の先鋭たちだった。むろん、暴力革命を否定する詩人の高い理想は彼らにとって耐え難いものであるが、思想史的に考えても、タゴールは中国式のマルクス主義的革命史観と根本に衝突するものである。これは、「科学と人生観」とも関連していた。タゴールが講演する会場で配られた反対のチラシのなかにみられる、タゴールは玄学派が論争で敗退した局面を救うため招いた援兵であるという意見は際だっていた[34]。批判の先頭に立つのは、やはり陳独秀であった。

　タゴールは、科学および物質文明が人類の互いの惨殺の危機をもたらしたというが、彼は、人類における個人間の争奪惨殺の原因が、私有財産制度のもとで社会が各個人の物質生存を保証できないために各個人が自身の生存と子孫のために争わねばならないことであることをわかっていない。また、階級間の争奪惨殺が特殊階級の独占によるものであり、圧迫された階級が立ち上がって抵抗せねばならないことを分かっていない。さらに、民族間の争奪惨殺は、支配階級が国内で平民を略奪するばかりでなく、国外の物質文明が未発達の弱小民族を略奪しなければ彼ら自身の独占権を維持できなくなるからであることを分かっていない。この三種の争奪惨殺はすべて経済制度の不良に原因がある。科学および物質文明自身の罪ではないのである[35]。

　科学と人生観論争は、究極において西洋に対する態度を示している。陳独秀が示した科学に対する徹底的な信仰は、競争世界の基本原則に対する同意を意味していることを見逃してはいけない。アジアは圧迫されている。しかし、アジア主義の観点から見れば、この圧迫の裏返しに、「科学」に無限大の特権を与える思惟は、「大東亜戦争」を「聖戦」として掲げる歴史と同罪ではないか。それは、物質文明に対する優位を求めて、結局ヨーロッパのアジア進出するとき武器にしたものと同様な文明的な覇権を追求する道をたどるしかないではないか。この点で考えると、竹内好の中国の核実験を賛美する熱情に批判を上げなければならない。彼は自ら掘り出した「心情」をいう言葉を自分の中に保持したままである。

## 5．「心情」の持続

大東亜戦争を支持した竹内好、あるいは、中国の核実験に「快哉」を叫びたい竹内好に、われわれとしては賛成の意を表明するわけにはいけない。竹内好は「近代の超克」の中から「心情」を取り出し、これをアジア主義の発掘を通じて描き出した。そして、同じようなテーマを扱う中国の論争からもやはり同様な心情、ないし類似したような思惟は抽出できる。「近代の超克」は決して否定や批判で片づけられるものではない。序章で取り上げた1964年北京シンポジウムにおける日本代表の「西欧の科学は、浅薄な経験主義と卑俗な実用主義に毒された雰囲気のなかで麻痺しようとしている」発言は、思えばこの「アジア的な心情」の延長線にある。西欧から科学を奪還するために、真の「新しい科学」を創造するには、やはり西欧との対立という立場をとらなければならない。その時、「冷戦」という一般的な時代背景を見抜き、「近代の超克」と「科学と人生観」論争を視野に入れれば、欧米を敵視することの意味は、単に大国が代表する世界覇権競争である以上に、大きく感じられてしまう。それは、イデオロギー対抗の背後に隠されたアジア的な「心情」の存在である。

# 終　章

## 一、

竹内好は留学を機に中国と本格に出合い、中国人との間に「共通のルール」を感じ取り、客観的な研究対象と異なる視線を中国に向けた。同時代の中国文学を日本に紹介し、日本で中国研究の新しい分野を開拓したことでよく知られるが、彼は中国と出会うと同時に、日本のアジア的連帯を図るべき「心情」もこの時期に生まれた。決して戦争を支持するではない竹内好は、日本の対米開戦時に戦争を支持する決意を宣言したが、その中に、「近代の超克」に動員された知識人たちと同様な「心情」が潜んでいる。中国を研究対象にしながら現実の中国に無関心な日本の知識生産より、日本軍に配られた宣伝冊子にある「日中提携」の論調に感動した竹内好は、戦後日本において「アジア主義」を提起する思想家としての姿勢を見せていた。

魯迅を描くことで竹内好は近代化に対する独特な考え方を獲得した。アジアの近代化は、西洋の近代化を学ぶのではなく、西洋の近代化に抵抗しながら如何にして自身を認識し直し、不断の抵抗によって自己を創出する歴史過程だと竹内は主張した。彼は、近代化は西洋の模倣以外に、それぞれのパターンがあると考え、日本と中国の近代化を比較し、日本の近代化を批判した。この近代化の型論は、しばしば竹内好の思想の中心である方法論として重要視され、竹内好を解釈、また批判するときに取り上げられる。しかし、この論は完全なる理論としてむしろ成立しておらず、欧米に接触するときに発生した「心情」に頼らざるを得ない性格があった。

近代化の型論は、敗戦した日本に対する完全否定と中国に対する肯定に見えるが、日本型の近代化にどのように対応するのか、戦後まもなくの間、竹内好にはなかったといえる。竹内は、日本の自己認識を問題にし、進歩の道を唯一だと考える思考を改めるために、新たな自己認識を求め始めた。その契機を提供してくれたのは、アジアのナショナリズムへの注目であった。アジアのナショナリズムと日本は無縁である、あるいは、アジアのナショナリズムを日本に導入するという考え方に対して、竹内好は日本の思想史の中にアジアのナショナリズムと共通するものを発掘する方法にこだわった。この共通するものは、「近代の超克」にみられる「心情」である。

かつて知識人の戦争への情熱の表現とみなした座談会「近代の超克」は、戦後において文学人の私的活動として描き出された。戦後の民主主義建設の風潮の中に、「近代の超克」を否定する考え方は、歴史との断絶として竹内好の目に映った。彼は、「近代の超克」を救う余地はアジアに向けられる「心情」であると指摘し、これを出発点として、日本が起こした戦争がもつ思想史的な二重の構造、すなわち植民地解放戦争と帝国主義同志の戦争を兼ねる構造を引き出した。この論の延長に、竹内好は戦争批判に用いられた文明一元論を批判し、文明一元論を否定すべきアジア主義の論理とアジア的な「心情」が結合できなかった状況を日本のアジア主義に求めた。

こうしたアジア主義への関心は、1960年安保闘争に参加した経験と深くかかわっている。竹内は、安保闘争をアジアのナショナリズムと通じる運動としてとらえ、安保終息後も安保闘争の経験をいかにして深化させるかについて、思索に耽った。彼は、明治維新からの歴史をアジア主義の角度で考察することによって、「近代の超克」からさかのぼってアジア的な「心情」を再発見した。しかし、知識人を動員するスローガンである「近代の超克」と同様に、アジア主義は日本のアジア侵略を隠ぺいする「大東亜共栄圏」のイデオロギーとみなされ、タブー視された。そこから「心情」を取り出す竹内好の思索は、不本意でありながら、

「大東亜戦争肯定論」のような論調を引き出した。さらに近代化論が流行するという複雑な思想の状況の中に、明治維新をアジア主義の視線で見直すという竹内好の希望は、同時代の左翼の知識人に理解されず、結果が保証されない「心情」であると、批判の俎上にあげられた。

安保闘争の経験を深化させるために、アジア主義を発掘する努力は失敗に終わり、竹内好は明治維新と中国革命をつなげる方法を探索した。しかし、この探索は中国の混迷する情勢の中で終わりを告げた。代わりに、文革に対する沈黙や中国の核実験に対する支持の中で、竹内好の「心情」は、戦争中の決意宣言と重なり、むしろ逆戻りしたようにも見える。

アジアの「心情」を発掘する可能性を示すべく、筆者は「近代の超克」と類似した性格を持つ中国思想界の大論争、「科学と人生観」論争を取り上げた。両者を比較した結果、ヨーロッパへの対抗としての心情は、やはり類似したような様態で発生した。ヨーロッパに対して、単なる肯定か否定のいずれもこの「心情」の中からつながりを探し出すことは可能である。しかし、この「心情」は、対抗をきっかけに現れるものであるが、ヨーロッパとの統合やヨーロッパを内在化しようとする意欲など、多様なあり方を呈した。

「アジア主義」の意味は、歴史としてのアジア連帯により、単線的な発展思考に対抗するところにある。「アジア主義」に求められるのは、自立精神、他者理解、共同意識がある。こういった価値は、「心情」という様態で存在し、理論化されていなかった。竹内好は、思想史の中に「心情」を持ち込むことによって、思想家としての独特さを示し続けた。

しかし、戦後思想史の中に、「心情」は否定的にとらえられてきたことはまた事実である。例えば、思想史研究者の安丸良夫は「心情」の意味を以下のように定義した。

　敗戦にいたるまでの近代日本の支配イデオロギーを天皇制国家主

> 義とよぶとすれば、それはたんに、天皇や国家についての狭義の政治思想を意味するだけではなかった。それは、①個人生活の領域における行動原理としての通俗道徳、②社会や政治の次元における、天皇主権の国家主義、③世界観と思惟様式の領域における、精神主義や直観的方法などの諸領域をふくみ、しかもそれら諸領域は論理的次元だけでなく心情的次元でも強い生命力をもっていた。それは人間の意識の全域にまたがるきわめて強大なイデオロギー支配のシステムであり、そのシステムを通じて厖大な人間的エネルギーが、支配体制を支えるエネルギーへと動員されていった。だが敗戦と戦後民主主義は、こうしたイデオロギー支配のシステムをそのすべての領域で破壊したのであり、その破壊を通して戦後民主主義を支えた諸理念——民主主義、平和主義、国際主義が民衆の通念として定着していった。「自由がほしい」「もっと民主化せよ」などといえば、誰にもその意味が了解しうるような切実さが伝達しえたところに、戦後民主主義が民衆の通念としていかに強い浸透力をもったかということが示されている。しだいにその内容が風化し擬制化していったにしても、民主主義、自由、個人の権利と幸福、平和などの理念を通じて民衆のエネルギーを動員せざるをえなくなったところに、敗戦を境とした日本社会の質的な転換が明示されている。そうしたイデオロギー状況は、現在でもすっかり転換してしまったわけではない[1)]。

安丸は竹内好と違う立場で、「心情」を戦前的なものとして規定し、戦後民主主義の対極に位置づけた。当然、心情はすべて正しいとは限らない。むしろ「心情」だからこそ、過ちを含めざるを得ない状況は多い。しかし、過ちを含むがゆえに、思想史的な価値が豊かであり、特定の一元的なイデオロギーによって解釈するのは、不可能である。天皇制支配によって「心情」をすべてコントロールされるわけではなかったのは、竹内好の発見である。この「心情」から歴史を読み直す契機を示してくれるし、歴史と現実と連続が見えてくる。逆に、「心情」という存在を無視する、あるいは「心情」を危険視するならば、人間世界と無縁の学問体系が築かれていくばかりである。このような体系は、マルクス主義なり、近代化論なりであるが、統一的な価値が求められるようなものである。「心情」はこのような科学的な体制にとり替わることは当然できないが、「心情」を取り入れることで見えてこない歴史、ないし将来の方向性が見えてくるであろう。竹内好はこのような努力を示してくれた。

## 二、

序章で取り上げた竹内好の「近代の超克」を批判した韓毓海が、竹内好の方法論を理解していないのは、確かである。韓は、「近代の超克」の出現は、単に第一次世界大戦後、日本の中国利益独占は帝国主義列強に許されない事態がもたらした日本言論界の不満にすぎないと論じた。日本で竹内好が解いた封印は、封印として中国に残されている。特に今日、日本と中国の間、安全保障をめぐる議論の激しさが増す一方という状況のなか、竹内好は簡単には理解されない。

興味深いのは、この現状を打破しようとする政治家や学者が打ち出した対策はやはりアジア主義である。竹内好を論じた後、再び顧みることになるが、2006年「東京－北京フォーラム」に、自民党の重鎮であった中川秀直は「新しいアジア主義」というタイトルで講演を行ったことを本書の序章で取り上げた。中川は冒頭から「21世紀のアジアに盟主はいらない」と強調し、崇米意識を持ちながらアジアを見下す姿勢を盟主意識と定義し、これを警戒すべきと発言した。「盟主のいらないアジア」を前提に、民間主導の交流を積極的に推進しようと提言した。

警戒すべきなのは、中国であろうが日本であろうが、政治家の発言の「裏と表」を検討するのは本書の目的ではない。代わりに、中川は如何にしてアジアの特徴を論じたかに注目してもらいたい。

> 今日のアジアの特徴を一言で言うならば、ヨーロッパと接触をしてから近代化したということであります。すなわち国家として存続するためにアジア的停滞やアジア的専制からの脱却を図り、自己改革としての近代化、西洋化を進む、そういう道を歩んでいるようになってきているということであります。極論を言えば、そうした意味でのアジア的なものから脱却した国、すなわち昔で言えば脱ア入欧、そうした国こそがアジアだということになるのではないかと考えます[2)]。

「脱亜入欧」を達成した国こそはアジアである。この論旨にすべての日本国民、またはアジアの人々は賛成するとは思わない。もしそうでなければ、今日竹内好が読み直されることはないだろう。しかし、「入欧」の成功において欧米を一つの尺度としてアジアの諸国を衡量する考えは、一人の政治家の考案に限ったものではない。「崇米」という表象より深い層位で、近代的な価値を欧米に独占させる考えのほうは、盟主意識の根源ではないか、と筆者は考える。このような表象と深層の不一致の結果は、一方、欧米を敵にまわし、抵抗せざるを得ないと唱えながら、もう一方、日本こそ民主や正義の代表であると鼓吹する、まさに「華夷」思想の現代版である。最近、中島岳志は竹内好のアジア主義を積極的に持ちだす学者として注目されている。朝日新聞の取材に対して、氏は以下のような言論を発した。

> ところが昨年、中国の盲目の人権活動家、陳光誠氏が脱出先に選んだのは米国でした。日本こそが受け入れ、サポートすべきだという発想も覚悟も見えなかった。とても残念でした。…
>
> 政治権力を求めるアジア主義は、もう終わっています。しかし、文明的な抵抗は続けていく必要があると思う。『抵抗としてのアジア』は西洋の物質主義や拝金主義に対する抵抗でもあります…

（「対立する中国とはどう向き合っていけばいいのでしょう。」という質問に対して）

ともに思想的アジアを追求しつつ、民主化を支援すべきです。そして政治的、軍事的な覇権主義に対して毅然と抗議する。…

（取材を終えて）中島さんが私淑する竹内好が、「日本のアジア主義」論文を書いたのは50年前。中国で近年、竹内の翻訳が出版されたという話を聞いて、少し希望を感じた。きっと話が通じるはずだ。言論の自由を求める中国紙「南方週末」の記者たちにもエールを送りたい。日中双方が変わらないと前に進まないのだから[3)]。

筆者はこの記事の中では、竹内好が発掘したアジア主義、ないし竹内好という人物自体が「観念化」されたことを痛感している。中島のアジア主義を利用する仕方について言えば、究極的に、日本はアメリカの代わりを務める要求にしか見えないし、この要求の中にある、日本の持っている「方法としてのアジア」は何であろうか、逆に見えてこない。少なくとも、竹内好の姿は見えないだろう。例を挙げると、文革大革命について、竹内好は沈黙の姿勢をとったが、日本人が文革を取り上げる視線に何か問題があるかについて、彼は自分の考えをこう述べている。

なるほど混乱はあったろう。しかしその混乱は、結果から見ると、中国社会の一貫した前進を底流にしていた。そこに中国革命の一貫性を認めないわけにはいかない。ところが、中国は進歩するはずがない、中国は永遠の停滞だというまちがった前提、または先入主にわざわいされて、その一貫性を見失ったのが、過去の日本の中国認識の弱点なのである。この弱点は今も改まっていない。

誰と誰とが争っているか、何派と何派とが対立しているか、どっちが勝ったか負けるか、こういう関心のもち方、または報道の態度というものは、おもしろいにはおもしろいかもしれないが、あまり

> 役には立たない。役に立つのは、誰が争っているかではなくて、何が争われているかだ。人や派閥が問題なのではなく、争点が問題なのだ。それを通して中国社会の前進の方向をさぐるのが肝要である。スポーツの実況放送を見るような気持ちで見ていたのでは本質はつかめない[4)]。

中国で生活している人々が求めているのは、一新聞紙の主張と一致するだろうか、まず考慮しなければならない。なぜならば、マスコミの論調に感じられる、中国に遅れている停滞的な部分はどこかに残っているという前提、あるいは先入観は、おそらく今日でも改められていないのである。

## 三、

中国の学術界においては、竹内好に対する議論の多くはなお魯迅文学研究の範囲の中に集中している。竹内好を理解するためには、魯迅との関連性は不可欠であることは確かに否定できない。しかし、そこより一歩踏み出して、竹内好のアジア論を戦後という日本の歴史の状況の中で再現させ、理解することは、「話が通じる」ためには、もっと有益ではないかと筆者は思う。「心情」は文学的であろうか、非理論的であろうか、論者によって議論が分かれるが、筆者は、「心情」をそのまま一つのキーワードとして取り上げる可能性は存在するのではないかと考える。少なくとも、中国の近代化を複雑な「心情」の交差として描くとき、日本と中国の思想史的な共通の話題が見いだせる。この話題は、現実的な政治関係としての東アジア共同体より、はるかに有意義な議論に発展できるように思う。

戦後日本思想史の中に、竹内好は左右両方から孤立した。それは日本が欧米化に向けて大きく邁進した1960年代のことである。明治維新百年祭を戦後日本の大衆的なナショナリズムの一つの頂点として見るとき、その四年前に迎えられた東京オリンピックはこのナショナリズムの形成を加速させたのは事実であろう。東京オリンピックが「アジア初のオリンピック」として誇らしげに語られたのは、特に不思議なことではないであろうが、2020年に東京が再びオリンピックを主催することが決められた際、「オリンピックはもう一度アジアにもどった」という表現が随所にみられることは、どうしても気になってしまう。アジアに支持と応援を求める願望とアジアに対する優越感という背反する要素を持つ「心情」が、無意識に日本社会に温存されていることを表しているだろう。アジア的な「心情」を議論する契機は失われてはいない。竹内好を再読することは、このような議論を発見し、問題化にする一つの手がかりだろう。

# あとがき

本書は2014年3月に広島大学に提出した博士論文「竹内好のアジア論：「心情」と思索」に加筆訂正を加えたものである。一部の内容は既発表の論文に基づいているため、ここで初出文献を記しておきたい。

「竹内好研究序説」.『比較日本文化学研究』⑵：100-107, 2009
「竹内好：「近代化の型」理論をめぐる諸問題」.『比較日本文化学研究』⑷：99-113, 2011
「竹内好：アジア主義研究の出発」.『比較日本文化学研究』⑸：1-19, 2012
「竹内好の中国革命に対する認識」.『比較日本文化学研究』⑹：70-82, 2013
「心情としての「近代の超克」-「科学と人生観」論争という視点-」.『国際文化研究』⒆：145-158, 2013
「アジア主義における「平和」の発見：戦時中竹内好のアジア主義的活動に関する考察」. ぷらくしす⒅：1-11, 2016
「1960年代における革命理想とアジア主義：竹内好のアジア論を中心に」.『広島大学文学部論集』(81)：39-57, 2021

広島の地に降りたのは、ある温かい秋の午後だった。せっかく日本語を勉強したらから、見学にいってみようという軽い気持ちで留学を決めたが、何を研究すればいいか、試行錯誤のうちに出会ったのは、たまたまゼミで読んだ竹内好の『日本とアジア』であった。研究を始めたのは、なんとなく彼の文章に親近感を持ったからかもしれないが、初心者に決して優しくない竹内好の文章と付き合うのは、まさに「格闘」といえよう。

広島大学大学院文学研究科に入学した2007年前後は、竹内好研究ブームの最中であった。それまでは日本によって一方的に語られてきた中国から孫歌が現れ、竹内好の語り掛けに呼応したのは、ブームを起こした大きな要因の一つであった。また、「アジアの世紀」が到来する様々な言論のなか、ポストモダンの文脈で「方法としてのアジア」が呼び覚まされた。筆者の力量不足でこれらの竹内好論をすべて本書の中の中で取り上げることができていないことは、遺憾に耐えない。

大学院生の時代、植村泰夫と河西英通、両先生より長い間貴重な指導を頂いている。植村先生はインドネシア植民時代経済史の先駆者であり、日本人のアジア論を読み直すときはアジアの多様性を常に意識させてくだった。東北史研究の開拓者である河西先生に、地方から日本国家を見つめる視線を、アジアから世界を考えるめざしに読み替える方法を教わった。ここでまず恩師の両先生に感謝を申し上げたい。

教職についてから、同じ比較日本文化学分野の佐藤利行先生に大変お世話になり、著書の出版に関しても、佐藤先生に大いに励まされている。また、六朝文人の話を常々伺えて、おかげで先生との連名で論文が執筆できたこと、この上なく光栄に思う。

また、普段から研究面の刺激を頂き、仕事の面でも日常的に面倒を見てくださっている比較日本文化学分野の方々へも、お礼がしたい。

本書の出版のみならず、白帝社の方々、ことに小原恵子専務に一方ならずお世話になっている。心より感謝している。

最後に、コロナで2年間も顔を合わせていない両親、毎日父親であることの幸せを感じさせてくれている娘二人、そして、長年支え合ってきた最愛の妻へ、感謝の気持ちと共に本書を捧げたい。

2022年1月　広島に於いて

## 参考文献


安藤彦太郎.（1964 年 12 月）.「北京シンポジウム」.『中国研究月報』（202）, 2-9.

井上清.（1968）.『日本近代史の見方』. 田畑書店.

上原専禄.（1951. 10）.「講和問題の本質を見落としてはならない」.『世界』（70）, 18-80.

上山春平.（1961）.「大東亜戦争の思想史的意義」.『中央公論』76（9）, 98-107.

上山春平.（1964）.「再び大東亜戦争の意義について」.『中央公論』79（3）.

岡本幸次（編）.（1998）.『近代日本のアジア観』. ミネルヴァ書房.

小熊英二.（2002）.『〈民主〉と〈愛国〉 ―戦後日本のナショナリズムと公共性』. 新曜社.

岡倉古志郎他 9 名.（1986）.『バンドン会議と 50 年代のアジア』. 大東文化大学東洋研究所.

加々美光行・鶴見俊輔（編）.（2007）.『無根のナショナリズムを超えて――竹内好を再考する』. 日本評論社.

加々美光行.（2007）.『鏡の中の日本と中国：中国学とコ・ビヘイビオリズムの視座』. 日本評論社.

河上徹太郎　他・竹内好.（1979）.『近代の超克』. 冨山房.

北一輝.（1959）.『北一輝著作集』. みすず書房.

言論 NPO.（2006）.『日中対話』. 言論 NPO.

子安宣邦.（2003）.『日本近代思想批判　―国知の成立』. 岩波書店.

子安宣邦.（2012. 08）.「憧憬すべくして憧憬された中国革命　竹内好『現代中国論』を読む」.『現代思想』40（9）, 18-29.

子安宣邦.（2012. 09）.「文学的な、余りに文学的な〈毛沢東〉 竹内好「評伝毛沢東」を読む」.『現代思想』40（10）, 30-39.

小島晋治・大里浩秋・並木頼寿（編）.（2001）.『20 世紀の中国研究：その遺産をどう生かすか』. 研文出版.

洪暁楠.（2002. 09）.「張君勱対当代新儒家文化哲学思潮発展的影響――以「科玄論戦」為例」.『大連理工大学学報（社会科学版）』.

高峡.（2011. 03）.「中国における〈竹内好〉という問題」.『Juncture』（2）, 207-212.

斉藤哲郎.（1998）.『中国革命と知識人』. 研文出版.

酒井直樹・磯前順一（編）.（2010）.『「近代の超克」と京都学派―近代性・帝

国・普遍性』．以文社．
佐々木毅など編．(2005)．『戦後史大辞典（増補新版)』,．三省堂．
佐藤美奈子．(2006．09)．「「アジア」を語るということ：1980 年代以降の竹内好論」．『社会科学研究』(58)，47-68．
清水幾太郎．(1951．10)．「講和会議に寄す」．『世界』(70)，80-86．
清水幾太郎．(1951．1)．「日本人」．『中央公論』66 (1)，4-16．
朱琳．(2011．03)．「梁啓超の「文明」認識およびその変遷」．『東アジア文化交渉研究』(4)．193-212
周程．(2010)．『福澤諭吉と陳独秀：東アジア近代科学啓蒙思想の黎明』．東京大学出版会．
庄志大乗会．(1968)．『明治百年記念式典式次第報告書』．
代田智明．(2002．7)．「日本における近代批判と魯迅」．『中国研究月報』56 (7)，55-62．
代田智明．(2009．7)．「竹内好『近代とは何か』『近代の超克』再読」．『中国研究月報』63 (7)，1-12．
菅原潤．(2011)．『「近代の超克」再考』．晃洋書房．
薛毅・孫暁忠（編)．(2008)．『魯迅与竹内好』．上海書店出版社．
孫歌．(2005)．『竹内好という問い』．岩波書店．
孫歌．(2006)．「アジアとは何を意味しているのか（下)」．『思想』(987)，108-129．
孫歌．(2006)．「アジアとは何を意味しているのか（上)」．『思想』(986)，48-74．
孫歌．(2008)．『歴史の交差点に立って』．日本経済評論社．
孫宜学．(2005)．『泰戈尔与中国』．広西師範大学出版社．
孫宜学 .(2009．05)．『詩人的精神』．江西高校出版社
竹内好（編)．(1985)．『アジア学の展開のために』．創樹社．
竹内好．(1970)．『状況的：竹内好対談集』．合同出版．
竹内好．(1980-1982)．『竹内好全集』．筑摩書房．
竹内好．(1993)．『日本とアジア』．筑摩書房．
田村愛理．(1987)．「回教圏研究所をめぐって：その人と時代」．『学習院史学』，学習院大学 25：16-35
竹山道雄．(1985)．『昭和の精神史』．講談社．
張君勱 他・丁文江．(1997)．『科学与人生観』．山東人民出版社．
鶴見俊輔．(2001)．『柳宗悦・竹内好』．筑摩書房．
湯一介．「“文明的衝突” 与 “文明的共存”」．『北京大学学報（哲学社会科学

版)』, 7-15.
東京アメリカ文化センター. (1968). 『日米文化交流の百年』. アメリカ大使館広報文化局出版部.
遠山茂樹. (1965. 12). 「明治維新研究の社会的責任」. 『展望』(84), 14-31.
遠山茂樹. (1975). 『日本近代史Ⅰ』. 岩波書店.
遠山茂樹. (1992). 『遠山茂樹著作集』第九巻. 岩波書店.
内閣総理大臣官房. (1969). 『明治百年記念行事等記録』.
中里成章. (2011). 『パル判事 —インド・ナショナリズムと東京裁判』. 岩波書店.
中島岳志・大澤真幸など. (2009). 『アジアが生み出す世界像—竹内好の残したもの』. (鶴見俊輔 編) 編集グループSURE.
中島岳志. (2007). 『パール判事 東京裁判批判と絶対平和主義』. 白水社.
中島岳志. (2010. 08-2011. 12). 「アジア主義を考える」(計17回連載). 『潮』.
中西功. (1969). 『中国革命と毛沢東思想』. 青木書店.
日本太平洋問題調査会. (1951). 『アジアの民族主義 —ラクノウ会議の成果と課題—』. ラクノウ会議. 岩波書店.
ノーマン. (1978). 『ノーマン全集』(巻 四). (大窪愿二 翻訳) 岩波書店.
橋川文三・竹内好・山口一郎など. (1972). 「北一輝の「支那革命外史」について」. 『FUKUOKA UNESCO』(7), 43-54.
林房雄. (1964). 『大東亜戦争肯定論』. 番町書房.
林房雄. (1965). 『続 大東亜戦争肯定論』. 番町書房.
廣松渉. (1989). 『「近代の超克」論』. 講談社
古屋哲夫. (1996). 「アジア主義とその周辺」. 古屋哲夫 (編), 『近代日本のアジア認識』. 緑陰書房. 47-102
松本健一. (1975). 『竹内好論:革命と沈黙』. 第三文明社.
松本健一. (2000). 『竹内好「日本のアジア主義」精読』. 岩波書店.
松本健一. (2008). 『アジア精神史の試み』. 岩波書店.
松本三之介. (2011). 『近代日本の中国認識 徳川期儒学から東亜協同体論まで』. 以文社.
マリウスB・ジャンセン (編). (1968). 『日本における近代化の問題』. (細谷千博, 翻訳) 岩波書店.
丸川哲史. (2010). 『竹内好—アジアとの出会い』. 河出書房新社.
丸山真男. (1951. 1). 「日本におけるナショナリズム —その思想的背景—」. 『中央公論』(743), 295-304.

丸山真男.（2001).『福沢諭吉の哲学—他六篇』. 岩波文庫.
丸山真男.（1995-1997).『丸山真男集』. 岩波書店.
溝口雄三.（1989).『方法としての中国』. 東京大学出版会.
安丸良夫.（1996).『方法としての思想史』. 校倉書房.
李宥霆.（2012. 01).「タゴールと東アジア知識人との思想交流」.（荒武賢一朗・宮嶋純子, 編）『近代世界の「言説」と「意象」: 越境的文化交渉学の視点から』(4).
梁啓超.（1997).『梁啓超全集』. 北京出版社.
李来容.（2012. 03).「欧化至本土化：清末民国時期学術独立観念的萌発与深化」.『中国近代史』.
歴史学研究会 京都地区歴史部門研究連絡協議会 編.（1964).『北京科学シンポジウム歴史部門参加論文集』. 京都歴研連事務所.
蝋山政道.（1951. 1).「二つの世界とアジアの課題」.『中央公論』66（1), 241-249.
渡辺一民.（2010).『武田泰淳と竹内好——近代日本にとっての中国』. みすず書房.
渡辺一民.（2008. 6).「戦時下 10 年の中国と日本（上）中国文学研究会をめぐって」(上).『思想』(1010), 6-34.
渡辺一民.（2008. 7).「戦時下 10 年の中国と日本（上）中国文学研究会をめぐって」(下).『思想』(1011), 123-147.

# 注

## 序章

1）世界科学者連盟：The World Federation of Scientific Workers（WFSW)、1946年に発端した科学者による世界的な組織である。冷戦時代にはソ連出身の役員は加わったことで、ソ連を擁護し、アメリカを批判するという政治的な傾向が強かった。とはいえ、主催国の中国を含む後進国における一部の知識人の「アジア観」を伺うことができるだろう。

2）安藤彦太郎,「北京シンポジウム」.『中国研究月報』1964：4

3）歴史学研究会 京都地区歴史部門研究連絡協議会 編,『北京科学シンポジウム歴史部門参加論文集』, 1964

4）北京フォーラム2004講演原稿. 筆者訳. ［湯一介「“文明的衝突”与“文明的共存”」, 2004：15］

5）佐藤美奈子,『「アジア」を語るということ：1980年代以降の竹内好論』,『社会科学研究』, 2006

6）加々美&鶴見,『無根のナショナリズムを超えて　―竹内好を再考する』, 日本評論社, 2007：6

7）孫歌,『竹内好という問い』, 2005, ：8

8）前掲書：8-9

9）加々美&鶴見, 2007：7

10）松本健一,『竹内好「日本のアジア主義」精読』, 2006：174

11）前掲書：98

12）前掲書：190

13）「岡倉天心」. 1962.『竹内好全集』（以下、全集と略す）7参照

14）ここで先に述べておきたいが、竹内好の考えた日本と中国は同じアジアの国であるが、性質には違いがある。たとえば、「近代とは何か」の中で、日本の文化を優等生文化と定義し、中国のほうを「回心」の文化と称した。

15）竹内好. 1961.「方法としてのアジア」. この論文ではこう書いてある。「西洋が東洋に侵略する、それに対する抵抗が起こる、という関係で、世界が均質化すると考えるのが、今流行のトインビーなんかの考えですが、これにもやっぱり西洋的な限界がある。」

16）この話は、翻訳者兼編集者の孫歌から聞いた。

17）韓毓海「竹内好何以成為問題――再読『近代的超克』」, 薛毅&孫暁忠, 2008：56（筆者訳）

18）実際、1943年11月竹内好は『魯迅』の原稿を武田泰淳に渡した。翌年、武

田泰淳がこの原稿を校正して刊行した。

## 第一章

1）「孫文観の問題点」, 1957, 全集 5：25
2）小熊によると、「当時の支那文学科においても、研究対象は古典が中心だった。支那文学科の同窓生で現代文学を専攻したのは竹内好ひとりであり、現代中国文学を扱った卒業論文は、竹内のものが学科創設以来史上二番めのものだったといわれる。」［小熊英二,『〈民主〉と〈愛国〉 —戦後日本のナショナリズムと公共性』, 2002：397］
3）「孫文観の問題点」, 1957, 全集 5：26
4）竹内好と支那学者との論争についての研究は数多くある。本書ではあえて詳しく論じないことにするが、主に渡辺一民［渡辺一民,『武田泰淳と竹内好——近代日本にとっての中国』, 2010］と孫歌［孫歌,『竹内好という問い』, 2005］による研究を参照されたい。
5）「孫文観の問題点」, 1957, 全集 5：30-31
6）前掲書：35
7）小熊英二,「「血ぬれた民族主義」の記憶」,『〈民衆〉と〈愛国〉』参照
8）「大東亜戦争と吾等の決意（宣言）」, 1942, 全集 14：294
9）前掲書：295-297
10）「支那研究者の道」, 1943, 全集 14：472-473
11）前掲書：475-476
12）前掲書：476 より再引用。
13）前掲書：476-477
14）当時使用された名詞に従い、以下「回教」「回教徒」を使う。
15）田村愛理「回教圏研究所をめぐって：その人と時代」. 1987.『学習院史学』, 学習院大学 25：16-35 を参照されたい。
16）竹内好「顧頡剛と回教徒問題」. 1941. 全集 14：216
17）前掲書：216-217
18）前掲書：215
19）前掲書：218-220
20）竹内好「東亜共栄圏と回教」. 1942. 全集 14：348
21）前掲書：352-353
22）前掲書：347
23）竹内好「岡倉天心」. 1962. 全集 8：134
24）前掲書：355-356

25）岡倉天心（富原芳彰訳）『東洋の理想』．1903．『現代日本思想大系 9 アジア主義』．筑摩書房．1963：71

26）竹内好「北支・蒙疆の回教」．1942．全集 14：360

27）「（前略）70 年代に入って、民間支援団体によるアジア諸国への支援活動が活発化する中で、アジアの自立を助け、これと連帯し用とする動きが実践面から表れた。国内的にも、在韓国人・朝鮮人の人権闘争と連帯しようとする動きも登場している。…こうした活動はかつてのアジア主義と違って、国家関係として日本とアジアとの平等・連帯関係を樹立しようとするのではなく、むしろ「生活者」としての人間と人間との関係において連帯と共生の関係を樹立しようという視点が強い。そこでは、日本人全体の責任を一人で引き受けようとするような観念主義的な姿勢が拒否され、むしろ気負いのない等身大の人間の認識が重視されている。」佐々木毅など編『戦後史大辞典（増補新版）』，2005．三省堂．加々美光行「アジア主義」項目による。

28）「『中国文学』の廃刊と私」，1943，全集 14：446

29）「大東亜文学者大会について」，1942，全集 14 参照

30）孫歌，『竹内好という問い』，2005：34

31）小熊英二，2002，：399

32）「竹内好の出身は、1910 年に長野県で生まれ、東京で育った。父親が事業に失敗し、実母は竹内が 14 歳の時死んだ。父親は元役人だったが、竹内のことも時代に営んでいたのは風俗営業であったという。こうした中竹内は、貧困な生活と世間の視線に苦しむ幼少期を送った。

竹内の回想によれば、貧困そのものよりも、「あいつの家は貧乏だといわれはしないか、という恐怖の感情」のほうが「はるかに辛かった」という。その事例として、流行のアルミの弁当箱が買ってもらえないため学校の「昼食時間が身を切られるようだった」とか、中学入試のさい新品の服を買ってもらえなかったことが何よりも嬉しかったといった体験を、回想記に書いている。」［前掲書：395

33）「郁達夫研究」，1933，全集 17：160

34）「魯迅入門」，1948，全集 2：106

35）「魯迅」，1944，全集 1：72

36）前掲書：160

37）竹内好が描いた魯迅は、「竹内魯迅」とよばれるように、従来の正当的な魯迅研究とかけなれている部分は少なくない。竹内好は魯迅を借りて、日本の近代化の主体を作り直そうとしている［薛毅 孫暁忠，2008：78］という理解の仕方が一般的であるが、孫歌によると、竹内好こそ魯迅精神の本質をとらえて

いるという〔孫歌，『竹内好という問い』，2005〕を参照されたい)。これと関連する魯迅の先進者像について、次章で検討する。

### 第二章

1)「魯迅」，1944，全集1：10-11
2) 前掲書：60-61
3) 小熊英二，2002：418
4)「私の著作と思索」，1954，全集13：280
5) この文章は1948年11月東京大学東洋文化研究所所編『東洋文化講座』第三巻「東洋的社会倫理の性格」のために書いたもので、1951年9月『現代中国論』に収録するときに「近代とは何か——日本と中国の場合」と改題したという。発表当時評価されなかったが、その後、「戦後日本の生み出した、語の本来の意味における歴史哲学の一つ」であると評価された。[「近代とは何か」解題，1966，全集4：443]
6)「『中国の近代と日本の近代』は構成という点ではあまりかっちりしたものでなく（これは無論著者が極度の困窮生活にあって途切れなく執筆に打ち込むことができなかったためもあるが、あまりにも多くの命題が詰め込まれていることと、そもそも著者の語り口の問題もある)、全編を貫く潜在的な手掛かりは魯迅のみである。」[孫歌，『竹内好という問い』，2005：55]
7) 丸山真男，「近代的思惟」，1946，『丸山真男集』第三巻：3-4
8) 植手通有，『丸山真男集』第三巻解説：356
9) これについて、次章で取り上げある。
10)「近代とは何か」，1948，全集4：129-131
11) 前掲書：131
12) 前掲書：134
13) 前掲書：134
14) 前掲書：135
15) 前掲書：134-135
16) 前掲書：142
17) 前掲書：149
18) 前掲書：150
19) 前掲書：151
20) 前掲書：156-157
21) 自己を放棄し、現在の権威になろうとすることは、生産的ではない。これは、竹内好の述べた「虚像」の原理と同一する。(本章3節に参照)

22）前掲書：164
23）前掲書：135
24）前掲書：144

## 第三章

1）「指導者意識について」，1948，全集6：117
2）「中国のレジスタンス（中国人の抗戦意識と日本人の道徳意識）」，1949，全集4：23-24
3）第二回世界大戦の開始直後の1942年1月、竹内好は「大東亜戦争と吾等の決意（宣言）」という戦争への支持表明を世間に出した。（引用者注）
4）鶴見俊輔，『柳宗悦・竹内好』，2001：346-347
5）これらの内容について、第五章で分析を行う。
6）「荀子の説」とは、「信信、信也。疑疑、亦信也」「言而当、知也。黙而当、亦知也」のことである。
7）前掲書：367
8）孫歌，『竹内好という問い』，2005：47
9）実際に、孫歌は別の論文で竹内好によって観念化された中国を問題視した。氏は「近代と革命・近代の超克と中国革命―この二つのモメントは意外にも互いに絡み合っている」と指摘し、これについて本書の第七章で詳しく展開する。［酒井直樹＆磯前順一，『「近代の超克」と京都学派―近代性・帝国・普遍性』，2010参照。
10）「日本思想史へ踏み込むために」，1954，全集8：204
11）丸川哲史，『竹内好―アジアとの出会い』，2010：120-121
12）孫歌，「アジアとは何を意味しているのか（上）」，2006：59
13）溝口，『方法としての中国』，1989：6
14）前掲書：7-8
15）筆者は後に「方法としてのアジア」と名づけられたものは、ここの「何か」と同一であると考える。
16）「わたくしたち戦中・戦後育ちの中国研究者のほとんどの研究起点に、中国への批判的視点というものはなかった。（中略）いわば反自己意識の投影像として自己内に結ばれたそれに向けられたもので、だからそれはあらかじめ主観的なものであった。」［前掲書：5］
17）前掲書：22-23
18）本書第二章6参照
19）溝口による、竹内好の主観的な中国像から切り替え、歴史的近代化の現像を探る努力は、このような歴史と現実の不調和を解消できるかどうか、筆者にとって疑問である。溝口は「主観的に近代過程を再現する」という竹内の方法そのものを批判すべきだったのだが、溝口の批判は実際には竹内がその方法を用いて獲得した中国像、日本像に向かった。

20）子安宣邦，『日本近代思想批判 —国知の成立』，2003：208

**第四章**

1）竹内好はノーマンの『日本における兵士と農民』について、「私が最近読んだ中で感銘の深かったものだ」［全集 4，1948：169］と述べている。また、1950 年 9 月 26 日ノーマンの送別会に出席した［全集 17：306］。

2）「近代とは何か」，1948，全集 4：170

3）ノーマン，『ノーマン全集』第四巻，1978：5

4）「日本思想史へ踏み込むために」，全集 8，1954：209

5）「日本思想史へ踏み込むために」，全集 8，1954：204

6）「日本のアジア主義」，全集 8，1963：153-154

7）前掲書：153

8）前掲書：154-156

9）「北一輝」，全集 8，1958：157

10）岡本幸治，『近代日本のアジア観』，1998：193

11）福岡ユネスコ協会の企画で、「アジアにおける日本」という日本研究国際セミナーが開かれた。北一輝についての座談会では、司会は橋川文三、ディスカッサントは、竹内好、山口一郎、西尾陽太郎、石田雄、ジョージ・ウィルソンなどであった。

12）橋川文三，竹内好，山口一郎など，「北一輝の「支那革命外史」について」，1972：43

13）前掲書：49

14）1955 年バンドン会議は、「アジア・アフリカのナショナリズム」という言葉を日本の知識界に発信したが、そのまえに 1950 年の太平洋問題調査会（Institute of Pacific Relations）第 11 回目の国際会議（ラクノウ会議）が開かれ、「アジアにおけるナショナリズムとその国際的影響」をめぐって参加国代表の間で議論が交わされ、その影響で 1951 年には「アジアのナショナリズム」という課題は知識人によって盛んに論じられた。本稿は「アジア」という地理的範囲の思想課題を取り扱うものであるため、以下「アジア・アフリカのナショナリズム」の代わりに「アジアのナショナリズム」を使う。

15）北一輝，「日本改造法案大綱」，『北一輝著作集』第二巻，1932：334

16）岡倉古志郎 他９名，『バンドン会議と50年代のアジア』，1986：80
17）岡本幸治，1998：180
18）岡本氏によると、北一輝の国家理念は以下のようなものである。「第一に、国家は個人の自由平等を可能な限り最大限に保障し、個性の発展を十分に奨励しなければならない」。「第二に、国家は国民の思想信仰の内部的性格に立ち入ることはできないとする「中性国家」の主張である」。「第三に、国家はそれ自らの意思と目的を有する独自の生命体であり、今日の進化段階においては最高最大の個体（有機体）であって、それを構成する個人の意思によって自由につぶしたり、取り替えたりできる存在ではない」。同時に、岡本氏は「北の国家論は常に現実と理想の亀裂を認識したうえで、現実を理想に近づけ進化させようとする強烈な意志に支えられていた」と論じている。［岡本幸治，1998：183-184］
19）これについての議論は、次章および第８章に続く。
20）ここで筆を先に走らせるが、終章で取り上げた1960年代以降現れた「大東亜戦争肯定論」（林房雄、『中央公論』1963-1965年に連載）に代表される思考はまさしくそうである。
21）従来の研究は、竹内好のナショナリズム論を「国民文学」論争に重点を置き議論を重ねてきたが（たとえば、［小熊英二，2002，第７章］、［孫歌，『竹内好という問い』，2005，第２章］）、本稿では、アジアという概念が持つ思想的な意味にこだわりながら、議論を進めたい。
22）日本太平洋問題調査会，1951：1
23）最終的に、冷戦体制の中、太平洋問題調査会はアメリカの反共政策の影響をうけ、1961年やむを得ず解散に至った。
24）日本太平洋問題調査会，1951：4
25）前掲書：8
26）前掲書：168-187
27）前掲書：168
28）前掲書：185
29）丸山真男，「日本におけるナショナリズム　―その思想的背景―」，1951：206
30）清水幾太郎，「日本人」，1951：7-10
31）前掲論文：14
32）清水幾太郎は1949年発足の「平和問題談話会」に参加し、会の声明を起草するなど要務に当たり、単独講和反対論争において大いに活躍していた。
33）清水幾太郎，「講和会議に寄す」，1951：81-82

34）上原専禄，1951：78
35）清水幾太郎，「日本人」，1951：3-4
36）前掲論文：10
37）「近代主義と民族問題」，全集 7，1951：37
38）前掲書：34
39）松本三之介，2011：235 参照。
40）蝋山政道，1951：249
41）丸山真男が代表する近代主義者に反発して、日本における民族の発見を試みた石母田正の『歴史と民族の発見』は、管見のかぎりアジアとの関係やアジアの歴史を意識したものではない。（これについては、［小熊英二，2002，第 7 章］をも参照されたい。）
42）「ナショナリズムと社会革命」，全集 7，1951：15-16
43）丸山真男は数多くの福沢諭吉論を残した。ここではその具体的な論述は省略するが、筆者は主に『福沢諭吉の哲学—他六篇』を参考にした。
44）「日本のアジア主義」の中で、竹内は、福沢の「脱亜論」を全編引用しながら、「彼はまた、自己が弱者であるという意識をもった醒めたナショナリストであるから、同じ弱者である隣国への同情がないわけではない。信条としてのアジア主義者はある。だから金玉均にも援助の手を伸べた。だが、彼のいだく　緊迫感に照らしてアジア連帯は間に合わない。『大東亜合邦論』は彼から見てなまぬるい」と福沢諭吉を評価した。［「日本のアジア主義」，全集 8，1963：131］

## 第五章

1）「「近代と伝統」まえがき」，1959，全集 13：347
2）「近代の超克」，1959，全集 8：3
3）孫歌，『竹内好という問い』，2005：227
4）孫歌，『竹内好という問い』，2005：245
5）「近代の超克」，1959，全集 8：9-10 より再引用
6）鈴木貞美，「「近代の超克」思想と「大東亜共栄図」構想をめぐって」，酒井直樹・磯前順一，2010：186
7）前掲書：6
8）「近代の超克」，1959，全集 8：12
9）前掲書：22-23
10）前掲書：19
11）前掲書：24

12）前掲書：28
13）前掲書：33-34
14）前掲書：34
15）安保闘争において竹内好の主張については、本書の第六章で述べる。
16）前掲書：35
17）前掲書：51
18）「大川周明のアジア研究」，1969，全集 8：195
19）「近代の超克」，1959，全集 8：64-65
20）「私はここで、『近代日本のアポリア』という新しい問題を提出した形になっていて、その問題を十分に展開していないことは認める。もし私に研究の余力があって、前からの念願である「教育勅語」論が書ける時期が来たら、その時改めてこの問題を追及したいと思っている。また、ここでは福沢諭吉についてわずかしか触れていないが、この点は『日本とアジア』で補足してある。戦争の二重性格という仮説については、『戦争責任について』および『日本とアジア』を併せ読まれたい」、と竹内好は「近代の超克」の解題で述べた。[全集第八巻：436]
21）「日本とアジア」，1961，全集 8：69
22）竹山道雄（1903-1984）、文学者、評論家。「科学としての史学の立場」（マルクス主義はの歴史観）に反対し、人間を記録するという（保守的な）立場で、「昭和史論争」に加わり、『昭和の精神史』（1956）を著した。『昭和の精神史』は「文明一元論」として、竹内好に批判された。
23）「日本とアジア」，1961，全集 8：87
24）ラダ・ビノード・パール（1886-1967）、インドの法学者、裁判官。東京裁判の判事を務め、被告人全員無罪と主張した。近年、中島岳志の『パール判事』（2007）や中里成章の『パル判事』（2011）に代表されるパールの研究も進められているが、パールの持っている文明論に関する認識の分裂は大きい（ガンディー主義との関係において）。ただし、いずれの立場も、パールはインド独自の文明論を主張することを認めている。また、言語によって「パル」と「パール」二つの表記はあるが、本書は竹内好に沿って、「パール」を使う。
25）前掲書：79
26）前掲書：77
27）「日本のアジア主義」．1963．全集 8：101
28）「日本のアジア主義」の中で、竹内好が取り出した人物は例外なく民間人ではあり、その対立面で日本政府は自明のように設置されていることについては、違和感を覚える。日本政府は不変の存在ではないのは当然であり、彼の言うアジア主義の心情は、日本政府の内部に存在しないのかという疑問は生じるだろう。また、日本政府を分解したら、アジア主義の対立面では何があるのか、今後の研究で究明したい。ただしここで、安保闘争の2年後という竹内好の心境を考えると、やはり彼にとって政府は民衆の対立面に立っているという対抗意識は強く映し出されている。

29）前掲書：140-141

30）前掲書：131

31）北一輝，「支那革命外史」，『北一輝著作集』第二巻，1916：8

32）「日本のアジア主義」．1963．全集8：131

**第六章**

1）小熊英二，2002：434

2）「ナショナリズムと社会革命」，1951，全集7：19-20

3）「四つの提案」，1960，全集9参照

4）「水に落ちた犬は打つべし」，1960，全集9：220-221

5）小熊英二，2002：529

6）「日本人の自信について」，1960，全集9：189

7）「四つの提案」，1960，全集9：117

8）前掲書：118

9）「心境と見透し」，1960，全集9：109

10）前掲書：108

11）「日本の独立と日中関係」，1960，全集9：64

12）「一年目の中間報告」，全集9：244

13）前掲書：246

14）1960年のこと

15）前掲書：247

16）小熊英二，2002：446

17）東京地方発行1961年1月23日付夕刊の『読売新聞』学芸欄に、匿名による記事があり、名前を言わずに「大学の教授と助教授」が「名を売る」、と竹内好と鶴見俊輔を中傷した。これに対して竹内好は抗議を示した。[「中傷への抗議」，1961，全集9：261-264]

18）小熊英二，2002：445

19）1960年代、日本の経済界は中国と頻繁に接触し、いわゆるLT貿易という半官半民の経済交流が始まり、これが結局日中国交回復の前奏となった事実は、近年の研究で判明された。竹内好のような知識人はこのような水面下の動きを

どれほど把握し、またどういうふうに強化したかは、重要な問題である。
20)「一年目の中間報告」, 1961, 全集 9：244
21)「こうした結果に対し、人びとの反応はさまざまだった。清水幾太郎は、安保自然承認の夜、敗北感に打ちのめされて泣いた。対照的に丸山眞男は、闘争のなかで実現された「秩序意識と連帯感」の「圧倒的な印象」にくらべれば、「『自然承認』の瞬間などは私の脳裏の中のとるに足らぬちっぽけな場所しか、占めていなかった」と述べた。」[小熊英二, 2002：546]
22)「一年目の中間報告」, 1961, 全集 9：245
23) 前掲書：246
24)「民族的なものと思想」, 1960, 全集 9：62
25)「五年目の中間報告」, 1965, 全集 9：391-392
26)「六年目の中間報告」, 1966, 全集 9：413
27)「七年目の中間報告」, 1967, 全集 9：424
28)「五年目の中間報告」, 1965, 全集 9：393-394
29)「七年目の中間報告」, 1967, 全集 9：428
30) 林房雄,『大東亜戦争肯定論』, 1964：23
31) 前掲書：225
32) 前掲書：226
33) ファシズムという概念に関しては、1970 年代の日本ファシズム論争を通じて検討されたのは事実である。近代日本史を叙述する際、ファシズムの代わりに、総力戦体制や戦時体制という言葉が使われるようになった。ただし、70 年代ファシズム論争の中はファシズムという概念は東京裁判によって強制的に押し付けられたという立場ではない。
34) 林房雄,『大東亜戦争肯定論』, 1964：137
35) 安丸良夫,「反動イデオロギーの現段階　―歴史観を中心に―」,『〈方法〉としての思想史』, 1968：274
36) 座談会「近代の超克」で林房雄の発言について、本書第 8 章でまた議論する。
37) 上山春平,「再び大東亜戦争の意義について」, 1961：56
38)「四年目の中間報告」, 1964, 全集 9：366
39) 上山春平,「大東亜戦争の思想史的意義」, 1961：106
40) 日記 1963 年 12 月 X 日付, 全集 16：482
41)「五年目の中間報告」, 1965, 全集 9：392
42) 林房雄,『大東亜戦争肯定論』, 1964：151
43) マリウス B・ジャンセン,『日本における近代化の問題』, 1968：4
44)「五年目の中間報告」, 1965, 全集 9：392

45）前掲書：394
46）林房雄，『大東亜戦争肯定論』，1964：98-99
47）実は、竹内好をさらに激しく批判したのは、井上清である。意味深いのは、井上清は、前述 1946 年の北京シンポジウムにて明治維新について発表し、竹内好を日本の侵略主義復活を助勢した近代化論者として批判した［歴史学研究会 京都地区歴史部門研究連絡協議会 編，1964］。この批判の内容は、竹内好の「日本のアジア主義」を故意に組みなおした形跡があり、竹内好の本来の意図と違う論旨を作り出した欠点があるため、竹内好の激怒を買った。井上の竹内好批判について本書では取り上げないこととする。
48）「日本のアジア主義」，1963，全集 8：110 参照。
49）遠山茂樹，「明治維新研究の社会的責任」，1965：17
50）前掲論文：28
51）「学者の責任について」，1966，全集 8：272-273
52）遠山茂樹，『日本近代史Ⅰ』，1975 参照。
53）「歴史学に即していえば、歴史をそう説明することが、一体どのような意味を、自己と日本人にもつことになるか、そのことをつきとめることによって、歴史の説明自体を吟味しなおし、そう歴史をとらえる以外に方法のない、ぎりぎりの歴史観をきたえてゆく歴史家の研究の姿勢、歴史研究の社会的責任のとり方と関わる問題である。このことは、竹内氏や上原専禄氏の発言から私なりに学んで、そう考えている。」［遠山茂樹，1965：27］
54）前掲論文：15
55）内閣総理大臣官房，『明治百年記念行事等記録』，1969：36-37
56）安丸良夫，『方法としての思想史』，1996：245
57）庄志大乗会，『明治百年記念式典式次第報告書』，1968：3
58）添付資料の二を参照されたい
59）遠山茂樹，1965：31
60）安保闘争最中に、遠山は「歴史の巨大なうねりを眼の前に見ている感じ、歴史を作ることに今加わっているという感覚、今さらながらこうした実感に感動にしたのは、私だけではあるまい」と述べている。［遠山茂樹，「歴史的なひょうかということについて」，1960，『遠山茂樹著作集』第九巻：174］

## 第七章

1）竹内好は1951年に「評伝　毛沢東」を執筆し、比較的に早い時期から中国革命を触れていたが、この時期の毛沢東に関する論述は「魯迅」と重なっていると指摘される［子安宣邦，「文学的な、余りに文学的な〈毛沢東〉 竹内好「評伝毛沢東」を読む」，2012］。また、孫文から同時代の中国事情についての総合的な論述は彼の後期の文章に集中している。
2）「明治維新と中国革命—孫文について—」，1967，全集4：352-353
3）竹内好は孫文の文章を借りて、日露戦争が被抑圧民族に希望を見せ、日本が帝国主義と区別できる証しであると論じた。「明治維新と中国革命　—孫文について—」（全集第四巻）に参照。
4）「中国近代革命の進展と日中関係」，1968，全集4：378
5）前掲書：381
6）「魯迅と毛沢東」，1947，全集5：254
7）「中国の民族主義」，1957，全集5：22
8）「毛沢東思想の受けとり方」，1962，全集5：354
9）「中国近代革命の進展と日中関係」，1968，全集4：382
10）「アジアのナショナリズム」，1955，全集5：8
11）「「中国近代革命の進展と日中関係」について」，1968，全集17：52
12）「近代とは何か」，1948，全集4：160
13）本書は竹内好の思想を考察するものである上、彼の死去、つまり、1977年を「最終」とする。
14）毛沢東は「今や中国革命は万里の長征の第一歩をふみだしたところだ」と発言した。これに対して、竹内好は、「今の文化大革命は第二歩くらいのところかもしれない」と述べた。［「明治維新と中国革命」，1967，全集5：163］
15）「新中国の精神」，1949，全集4：100-101
16）「60年代・七年目最終報告」，1967，全集第九巻：427
17）前注に参照。
18）竹内好，『状況的：竹内好対談集』，1970：45
19）たとえば『朝日新聞』1966年8月23日朝刊一面の「天声人語」にこのような文章が書かれている。「東安市場」は「東風市場」となり、東来順、全聚徳などの有名なしにせが看板をうちこわされ、目下、新しい名前を考慮中という。日本でも戦前から戦中にかけ、東京会館が大東亜会館になったりしたものだが、銀座通りを一挙に「聖戦通り」、丸ノ内を「八紘一宇街」と変えるような暴挙はしていない。」文革に現れた暴力性を恐れる世論は、当時文革に対する典型的な理解の一種であることは間違いない。

20)「明治維新と中国革命」, 1967, 全集 5：167
21) 子安宣邦,「文学的な、余りに文学的な〈毛沢東〉―竹内好「評伝毛沢東」を読む」, 2012：38
22) 孫歌,『竹内好という問い』, 2005 参照。
23)「私たちの誤りを正すには、マルクス・レーニン主義をいっそう深く学習し、マルクス・レーニン主義の現代における最高の段階である毛沢東思想―とくに歴史研究に直結することでは『矛盾論』と『実践論』―を真剣に学習し、それを正しく具体的な日本近代史研究に活用する以外に方法はない、と私は考える」[井上清,『日本近代史の見方』, 1968：2]。明らかに竹内好の毛沢東認識の文脈とマルクス主義者と異なる。
24) 毛沢東が代表する中国革命思想を絶賛する論調は、1960 年代においては必ずしも珍しいものではない。たとえば中西功は以下のような論考を残している。

> 今日、宗教的社会学の見地から、「毛沢東思想」を「解釈」し、⑴周辺革命的な特徴（後進国革命と同じもの)、⑵カリスマ的な使命予言、⑶その共鳴盤（社会的基盤）としての「虐げられた非特権化された社会層」(いわゆる貧民のこと)、⑷セクト＝思想第一、⑸聖者的禁欲主義などの毛沢東思想の特徴は、宗教社会学上の「使命予言」とふかい関連があると述べ、「おそらく、そこにはモーセの『出エジプト』を起点とし、古代イスラエルおよび西ヨーロッパ二千年の文化発展を方向づけていた歴史の軌道が『長征』と『毛沢東思想』によってふたたび大きく切り換えられつつある世界史の巨大なダイナミズムを遠望することができるのではないでしょうか」と手放しで絶賛している人々もある。これは、「毛沢東思想」にそのような宗教的側面があることを証明している点で意味のあることである。[中西功,『中国革命と毛沢東思想』, 1969, ：44]

25) 酒井直樹・磯前順一,『「近代の超克」と京都学派―近代性・帝国・普遍性』, 2010：169
26)「日本のアジア主義」. 1963. 全集 8：141

**第八章**

1）「方法としてのアジア」. 1960. 全集 5：115
2）「周作人から核実験まで」, 1965, 全集 11：296-297
3） 前掲書：295
4） 菅原潤（2011）によると、「近代の超克」の原点は 19 世紀初頭活躍した生田長江にある。また、生田長江と日本ロマン派の継承関係についての論証は、竹内論文「近代の超克」からも見られる。

5）たとえば、廣松渉は座談会「近代の超克」を細かく分析したはが、「近代科学そのものについては、殆ど討究されていない」と判断し、重要視しなかった［廣松渉，『「近代の超克」論』，1989：24］。
6）河上徹太郎 他；竹内好，『近代の超克』，1979：189-190
7）前掲書：144
8）前掲書：236-237
9）前掲書：114-115
10）前掲書：23
11）前掲書：22
12）前掲書：23
13）前掲書：23-24
14）藤田正勝，「座談会「近代の超克」の思想喪失—近代とその超克をめぐる対立」，酒井直樹，磯前順一（編），『「近代の超克」と京都学派—近代性・帝国・普遍性」』，2010：83
15）河上徹太郎 他；竹内好，1979：239-240
16）「近代とは何か」．『全集』第四巻：128-171 参照。竹内好は魯迅や王道を唱える孫文を理想的な抵抗者だと考えるが、西洋文明の代表である科学にたいする態度から、同様な抵抗の姿も描かれるのではないかと筆者は考える
17）李来容，「欧化至本土化：清末民国時期学術独立観念的萌発与深化」，2012：110、引用者訳。
18）朱琳，「梁啓超の「文明」認識およびその変遷」，2011：206
19）周程，『福澤諭吉と陳独秀：東アジア近代科学啓蒙思想の黎明』，2010：298
20）日本の学術界で、「科学と人生観」はあまり紹介されていないようで、管見の限り、総合的にこの論争を取り扱ったのは周程と斉藤哲郎の著作だけである。論争にかかわる中国語原文には目を通したが、両氏の研究は論争参加者の主な主張を見事にまとめているので、本書では両氏の訳文とまとめを使用させてもらった。
21）梁啓超，『梁啓超全集』，1997：2974
22）斉藤哲郎，1998：295
23）張君勱 他，『科学与人生観』，1997：114-115
24）「科学と人生観」論争をはじめとする張君勱の新儒家に対する影響について、洪氏［洪暁楠，「張君勱対当代新儒家文化哲学思潮発展的影响——以「科玄論戦」為例」，2002］の論文を参照されたい。
25）斉藤哲郎，『中国革命と知識人』，1998：302
26）［周程，2010：316］。残りの 7 点は以下の通り：「第三、財産の共有と私有制

度に関しては、原始共産社会において人間は野獣より弱く、必ず群れを作ることになるので、財産を私有化にする必要と可能性はなかった。…農業社会になってから、特定の住所や倉庫が作られて、農産物もまた保存しやすくなる。独立生産の小農にとっては、土地を独占する必要はあるが、他人と協力する必要はない。財産私有の観念は、このように生まれてくる。工業社会に入ると、家庭内の手作業のような独立生産制度はすでに存続できなくなり、何千何万人が一つの協力体制の中に組織された。みんな仕事がないと食べられず、また道具を持たないと生産できない。生産道具は多数の人間に所持されず、少数の資本家に独占されるようになった。生産道具を公有にしない限り、多数の人間は資本家に労働力を売るしかない。財産公有の概念は、このように発生した。第四、現在の社会において経済的な変化が成し遂げられ、そしてこのような変化にふさわしくない以前の社会制度が依然として存在し、経済的な変化を束縛する状況いおいて、保守と革新の争いが起こる。経済上の利害関係が変化するにつれて、新旧体制の争いは変化していく。第五、物質的精神の存在は…（張君勱）環境に恵まれる少数の人間にしか存在しない。第六、社会主義の発生は財産公有制度と同じことである。第七、人間性の中に利己と利他という二つの本能があり、人間が本能を発揮する機会は、おかれた環境および歴史的、社会的背景の違いによって変わってくる。第八、悲観と楽観という見解の違いは、人間が置かれた環境、および生きている歴史的や社会的な背景によって異なる。各国の自殺に関する統計をみると、自殺の原因は環境によって決めるだけでなく、年齢、性別、職業、季節などとかかわっている。第九、宗教思想の変遷、時代や社会勢力に最も支配される。［張君勱 他，1997：4-5］（筆者訳）

27）周程，2010：326

28）陳のこの心情はタゴール批判の中にも読み取れる。これについて第4節で詳しく述べる。

29）前掲書：327

30）前掲書：328

31）「タゴールと中国」，1962，全集5：220

32）孫宜学の著作『泰戈尔与中国』はタゴールの中国訪問を詳しく記している。タゴールの北京演説に関する内容は同書の「我们为什么要反对泰戈尔」（「我々はなぜタゴールを反対するか」）を参照されたい。

33）「泰戈尔対北京学界演説」，『詩人的精神』，1924：45．筆者訳。

34）孫宜学，『泰戈尔与中国』，2005：8を参照されたい。孫宜学はこの本の最後に、「タゴールはわざわざ物質文明がまだ発達していなかった中国に来て、詩を講じずに、東方の文明は将来の世界の行方である云々を宣伝する」必要はないという、極めて陳独秀のタゴール批判の観点に近い立場を示した。興味深いことだと筆者は考える。

35）周程，2010：327

## 終章

1）安丸良夫，1996：245-246

2）言論 NPO，2006：12

3）『朝日新聞』2013 年 3 月 19 日，10 版

4）「「わからない」という意味」，1968 年，全集 11：303

〈著者略歴〉
**劉　金鵬（りゅう　きんほう）**
1984年生まれ。
現在、広島大学大学院人間社会科学研究科人文学プログラム助教。
2007年、中国・外交学院日本語科卒業。同年、広島大学大学院文学研究科に入学し、比較日本文化学分野で学ぶ。2014年、博士課程を修了し、博士（文学）を取得。2018年より現職。

竹内好のアジア論　―心情と思索―

2022年3月30日　初版発行

著　者　劉金鵬
発行者　佐藤康夫
発行所　白帝社
〒171-0014　東京都豊島区池袋2-65-1
電話 03-3986-3271　　FAX 03-3986-3272
E-mail：info@hakuteisha.co.jp
http://www.hakuteisha.co.jp/

カバーデザイン／アイ・ビーンズ
組版／三光デジプロ　　印刷／大倉印刷　　製本／カナメブックス

Printed Japan 6914　　ISBN978-4-86398-527-8
定価はカバーに表示してあります。
製本には十分注意しておりますが、乱丁落丁の際はお取替えいたします。